世界奥秘解码

奇人怪物的异类辨析
万物密码破译

韩德复　编著

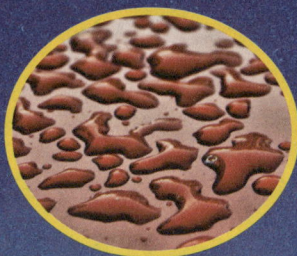

中国出版集团
现代出版社

前言
reface

大千世界，无奇不有，怪事迭起，奥妙无穷，神秘莫测，许许多多难解的奥秘简直不可思议，使我们对这个世界捉摸不透。走进奥秘世界，就如走进迷宫！

奥秘就是尚未被我们发现和认识的秘密。它总是如影随形的陪伴着我们，它总是深奥神秘的吸引着我们。只要你去发现它、认识它，你就会进入一个新的时空，使你生活在无限神奇的自由天地里。

在一切认知与选择的行动中，我们总是不断地接触到更大的境界，但是这境界却常常保持着神秘的特点。这奥秘之魅力就像太阳一般，在它的光照下我们才能看见一切事物，但我们的注意力却不在于阳光。

奥秘世界迷雾重重，我们认识这个熟悉而又陌生的世界，发现其背后隐藏着假象与真知，箴言和欺骗，探寻奥秘世界的真相，我们就会在思考与探索中走向未来。

其实，世界的丰富多彩与无限魅力就在于那许许多多的难解的奥秘，使我们不得不密切关注和发出疑问。我们总是不断地去认识它、探索它。今天的科学技术日新月异，已经达到了很高的程度，尽管如此，对于那些无数的奥秘谜团还是难以圆满解答。古今中外许许多多的科学先驱不断奋斗，一个个奥秘不断解开，并推进了科学技术的发展，随即又发现了许多新的奥秘现象，又不得不向新的问题发起挑战。这正如达尔文所说："我们认识世界的固有规律越多，这种奇妙对于我们就更加不可思议。"科学技术不断发展，人类探索永无止境，解决旧问题，探索新领域，这就是人类一步一步发展的足迹。

为了激励广大读者认识大千世界的奥秘，普及科学知识，我们根据中外的最新研究成果，特别编辑了本套丛书，撷取自然、动物、植物、野人、怪兽、万物、考古、古墓、人类、恐龙等诸多未解之谜和科学探索成果，具有很强的系统性、科学性、前沿性和新奇性。

本套丛书知识面广、内容精炼、图文并茂，形象生动，非常适合广大读者阅读和收藏，其目的是使广大读者在兴味盎然地领略世界奥秘现象的同时，能够加深思考，启迪智慧，开阔视野，增加知识，能够正确了解和认识世界的奥秘，激发求知的欲望和探索的精神，激起热爱科学和追求科学的热情。

目录
Contents

陆地怪物

陆地怪物是陆地上的异类。这些怪物不仅有奇异的动物、诡异的植物，还有各种各样的石头。这些怪物怪事共同组成了我们这个异彩纷呈的世界。

奇异的双头蛇

真实存在的双头蛇

有关双头蛇的传说已流传了1000多年。卡顿的军队似乎在非洲沙漠地带行进时遇见过这种双头蛇。

早期的生物学家曾对这种奇异可怕的生物作过详述。在学术著作中，这种双头蛇被称作"蚓蜥"。然而，从那以后的历代科学家再也没有发现过第二条双头蛇。因此，科学家们把这种双头两栖动物宣布为人的臆造产物。但是到了不久前，才得以证实：双头蛇真实存在！

具有传奇色彩的双头蛇

有一次，一个民族学家旅游考察队去北非活动，想顺便考察一下当地民族的风俗礼仪和宗教生活方式。旅游考察队在热带丛林中的一个偏僻的村寨，有个意想不到的收获。

问题是，当地的土著族把蛇崇拜为活的护身符——这在非洲并非罕见。然而，这个村寨却与众不同：在寨子里土著人眼中，活的护身符既不是什么普普通通的蟒蛇，也不是平庸的眼镜蛇，而是一种独一无二的双头蛇。最初，科学家们简直不敢相信自己的眼睛，后来，他们真的意外地看到了那种具有传奇色彩的双头蛇。

这时，考察队员们为首次看到这种稀世珍宝而激动不已，渴望高价买下或央求得到它。于是，他们慢慢凑上前去，对双头蛇

进行仔细观察和研究。然而，这些土著人只对他们的这种愿望觉得可笑。

这时，土著族的首领站出来宣布：第一，双头蛇是一种千古罕见的举世宠物，不准触摸；第二，它是目前世界上独一无二的双头蛇；第三，只能在远处观望，不准靠近——这对你们来说已是很大的幸运了，因为到目前为止，还没有一个白人能来这里一饱眼福，先睹为快。这样一来，旅游考察队的科学家们只好站在远处观看这久闻未见的珍稀生物喽。他们立刻拿出远焦距摄像机，拍下这珍贵的镜头。

旅游考察队领队伊·尤珍博士抱怨说："这些土著人太不通情达理了。我们想用手指轻轻地摸一摸双头蛇都不准。结果，眼下只搞清了这种双头蛇有剧毒。站在哪个位置都一样，反正，它的两个脑袋照样都会咬人。"

从外表看，这种双头蛇很像响尾蛇，只是身体的大小像蟒

蛇。它主要靠猎食各种小动物为生，但它最爱吃的食物就是禽类动物。然而，眼下还尚未搞清，双头蛇以何种方式排泄生命活动所产生的废物。它的两个头都具有较强的工作能力，它无论朝哪个方向爬行运动，都同样轻松自如。

这个土著人的村寨所做的一切都是为了这条双头蛇。这些土著人的信念是：假如他们的双头蛇死了，一切灾难就会降临到他们头上，他们同双头蛇共存亡。

因此，这里的土著人精心喂养和照料双头蛇，像爱护眼珠一样地爱护它。

然而，双头蛇自己也似乎意识到它在这些土著人的生活中起到什么样的作用。它有时让自己发一阵子脾气，变得"暴跳如雷"，有时，爬到照料它的主人跟前撒起娇来，讨好地"咬"了他一口。

双头蛇的来历

有关这种双头蛇的来历目前存在两种理论：一种理论认为，实际上，这种剧毒双头蛇是客观存在的，而且迄今仍然存在，由于它发育不全，整体存在严重的生理缺陷，因此，物种繁衍受

阻，所以变得珍贵罕见。

另一种理论则认为，双头蛇自己长有两个脑袋，感到相貌丑陋为世人所罕见，故而变得十分腼腆，不愿与世人见面，所以躲到人迹罕至的神秘地带。

有关双头蛇的传说流传至今，1000多年来，唯一可靠的消息来源就是一个叫普利涅的早期学者对这种双头蛇所作的描述，而且只有少数见证人读到过它。

生物学家认为，在生物学分类上，这种双头蛇又叫"非洲蚓蜥"，它是一类最普通的突变种动物。

生态学家斯·罗伊认为，当今人类如此地破坏地球的生态环境，现在可能已全部遭到破坏。我对出现类似的突变种异常现象并不感到惊讶，因为很快又要出现长着3只长鼻子的大象和没有尾巴的袋鼠。

目前，专家们正在围绕这个新发现并得到证实的双头蛇展开争论，并提出许多新思想、新观点、新假说……然而，那条双头蛇正在定期为"抚养"的"衣食父母"—— 那个山寨的土著人呼风唤雨，以帮助他们解脱旱灾之苦——这里的土著族首领至少是这样认为的。

希腊神话中的双头蛇：它是女性的保护神，恶魔与野兽见到双头蛇将会失去法力并化为灰烬。传说宙斯的儿子传令神赫尔莫斯使用的双头蛇法杖也是魔力无比。

蛇中之怪

蛇的乐土

我国的北方有一个蛇岛，面积不大，仅有 4 平方千米。岛上盘踞着成千上万条蝮蛇，被称为"蝮蛇的王国"和"蝮蛇的乐土"。

这里的蝮蛇体长多为一米左右，头呈三角形，从眼至嘴角之间均有一条黑褐色的宽眉纹。上下唇为淡黄色，背为深色环纹，腹面呈灰白色。这是一种剧毒蛇，当地人称它"七寸子"、"主松蛇"。

美洲也有蝮蛇，但它和我国的蝮蛇不同，美洲的蝮蛇两眼之间与头顶上有 4 角，这可算蛇类中的奇闻了。当地人称这种蛇为"四角蝮蛇"或"角掌蝰"。这种蛇分布在拉丁美洲，尤其以哥伦比亚南部为最多。它因多在树上生活，故体型通常细长，尾巴短而且胖，这适于缠绕树枝。头呈心脏形，面貌很难看，身体是绿色，上面镶有散状的大红或桃红斑点，看上去倒有几分鲜艳。

美洲蝮蛇也是一种剧毒蛇。它们平时多趴伏在香蕉树上，体

色几乎同树皮一样，这完全是一种隐蔽和捕食而生的保护色。香蕉园里的工人常被四角蝮蛇的伪装所迷惑，而身遭其害，以致丧失了性命。

响尾蛇和红外线

在美洲、非洲等地方有一种奇异的蛇——响尾蛇，它会剧烈地摇动自己的尾巴，发出"嘎啦、嘎啦"的声音。

响尾蛇尾巴的尖端地方，长着一种角质链状环，围成了一个空腔，角质膜又把空腔隔成两个环状空泡，仿佛是两个空气振荡器。当响尾蛇不断摇动尾巴的时候，空泡内形成了一股气流，一进一出地来回振荡，空泡就发出"嘎啦、嘎啦"的声音。

响尾蛇还同蝮蛇一样，在周围环境完全黑暗的情况下，能够以一定的准确度来判断方向，而且还能追捕到具有一定体温的动物。

响尾蛇的两只眼睛圆溜溜、亮晶晶，是不是它能够在黑暗中看到物体呢？1937年，科学家曾经对响尾蛇进行观察研究，把蛇的眼睛给蒙住了，看它在黑暗中怎样活动。它照样能闪电般地追捕食物。因此认为响尾蛇的眼睛，亮而无神，视力并不好。

1952年，科学家对响尾蛇进行了一次实验。在响尾蛇体内同颊窝底部一层薄膜间的一根神经上，连接了一个电极。奇妙的情

况出现啦：当热源或冷源接近响尾蛇时，它就受到刺激，神经脉冲不断发出变化。同时还发现，在30多厘米以外的人手的热度也会激起它的反应。

响尾蛇的秘密

人们还做了多次试验：将响尾蛇麻醉，把颊窝膜的一条神经分离出来，通到测量生物电流的仪表上，用光（红外线除外）、声音和强烈的振动来刺激它，甚至拨动它，都没有生物电流的产生。可是，当热体或人手接近蛇头时，生物电流就产生了；再用红外线来照射颊窝时，生物电流的反应更强啦。

因此，人们得出这样一个结论：响尾蛇有个热定位器，长在眼睛和鼻孔间的颊窝地方。颊窝呈浅漏斗形，深约5毫米，外口斜向前方。

小窝由薄膜分成内外两个小室。内室有细管反方向通向体外，里面的温度，同周围环境一个样；外室是热收集器，以较大的口对准需要探测的方向。膜上分布有神经，上面充满着线粒体。

薄膜是特殊的感受器官，可以感受红外线的辐射，使膜神经进入兴奋状态。正是在这种热定位器的帮助下，响尾蛇才能发现前方的热物体，并能判断它的大小和距离，以便决定捕猎或者逃避。

追踪响尾蛇

20世纪70年代时，美国生态学家勃鲁兹·明斯在佛罗里达州的荒野追踪了75条响尾蛇，在其中28条响尾蛇的胃里装进了蜡封

的小型传感器，带有这种仪器的响尾蛇既会响，还会发报，从而了解到关于它的食性、繁殖、冬眠、迁徙等习性。一种东方钻背响尾蛇的繁殖期不是经常说的在春季，而是在夏末。它们冬眠在同一地点：树洞或龟洞里。

从11月至次年2月，不吃不喝。平时，主要以麻雀、老鼠、兔子为食。捕猎时先咬住对方，然后放射毒液，猎物纵然拼死乱跑，也免不了死亡。响尾蛇还具有明显的"记忆力"和敏锐的方向性，能够追踪被咬的猎物，并且还能用同样的追踪技术来寻觅配偶。

响尾蛇有剧毒。最近，科罗拉多州大学生物化学家安东尼发现了这种蛇毒的机理。原来，在响尾蛇体内，锌和蛋白质分子相互作用，在蛇毒中，生成一种酶。它能腐蚀人或动物的血管，破坏它的肌肉组织，他已经从这种蛇毒中分离出5种含锌毒物，如果全部将锌分离出来，蛇毒就不再有毒了。

在线小知识

响尾蛇的来历：它的尾部末端具有一串角质环，当遇到敌人或急剧活动时，迅速摆动尾部的尾环，能长时间发出响亮的声音，致使敌人不敢靠前，或被吓跑，故称为响尾蛇。

世界上脚最多的动物

脚最多的动物

世界上脚最多的动物是千足虫，又称马陆，这是一种陆生节肢动物。千足虫，体呈圆筒形或长扁形，分成头和躯干两部分。头上有一对粗短的触角，躯干由许多节体构成，多的可达几百节。第一节无足，第二至四节，每节一对足，其余每节均有两对足。北美巴拿马山谷里有一种大马陆，全身有175节，共690只足，可称为世界上足最多的动物了。

千足虫并不是一生下来就有这么多足的。初生的幼虫只有7节，蜕皮一次增至11节，有7对足；二次蜕皮后增至15节，有15对足；经过几次变态发育后，体节逐渐增多，足也就随之增加。

当然，其他还有许多种类的千足虫。有的身体较小，才2毫米长，和大马陆相比，它们的足少得多。

千足虫行走时左右两侧足同时行动，前后足依次前进，成波浪式运动，很有节奏。不过，它虽然足很多，但行动却很迟缓。

千足虫的生活习性

千足虫平时喜欢成群活动，一般生活在阴暗潮湿的地方，如枯枝落叶堆中或瓦砾石块下。专吃落叶、腐殖质；也有少数种类吃植物的幼芽嫩根，是农业上的害虫。

千足虫虽然无毒颚，不会螫人，但它也有防御的武器和本领。当它一受触动就会立即蜷缩成一团，静止不动，或顺势滚到

别处，等危险过了才慢慢伸展开来爬走。

千足虫体节上有臭腺，能分泌一种有毒臭液，气味难闻，使得家禽和鸟类都不敢啄它。

马陆隶属节肢动物门多足纲倍足亚纲，国内各地均有分布，受害植物除草坪外还包括仙客来、瓜叶菊、洋兰、铁线蕨、海棠、吊钟海棠、文竹等一些花卉植物。

马路的生物学特性

马陆性喜阴湿。一般生活在草坪土表、土块、方块下面，或土缝内，白天潜伏，晚间活动危害。马陆受到触碰时，会将身体蜷曲成圆环形，呈"假死状态"，间隔一段时间后，复原活动。

马陆一般危害植物的幼根及幼嫩的小苗和嫩茎、嫩叶。马陆的卵产于草坪土表，卵成堆产，卵外有一层透明黏性物质，每头可产卵300粒左右。

在适宜温度下，卵经20天左右孵化为幼体，数月后成熟。马

陆一年繁殖一次，寿命可达一年以上。

马陆的生态作用

马陆是森林生态系统重要的分解者，它的摄食量随温度的升高而增加。据初步估算，马陆对落物的分解量约占该地区年平均凋落物量的0.21%。

马陆对同一种、不同腐解程度的叶片摄食量不同，对半分解凋落物的摄食量大于对未分解凋落物的摄食量。

在不同温度条件下，其同化效率随温度升高而降低，而粪便随温度升高而增加。在不同林型下面，马陆体数量分布不均匀。通常阔叶林、针阔叶混交林、针叶林在土壤的垂直分布，具有明显的表聚现象。

马陆的个体数量季节变化明显，夏末最多，冬末最少。

　　土壤动物是生态系统物质循环中重要的分解者。马陆是土壤动物中的常见类群，主要以凋落物、朽木等植物残体为食，是生态系统物质分解的最初加工者之一。

　　对大型土壤动物的饲养研究，在国内外均有报道，但对马陆所作的研究在国内尚未见到；通过对马陆的生态分布摄入食量等的研究，探讨并揭示该类群在森林生态系统物质分解过程中的功能。

　　马陆的毒性：马陆身体上也有防御的武器和本领。马陆体节上有臭腺，能分泌一种有毒臭液，气味难闻，使得家禽和鸟类都不敢啄它，而且人类误食马陆会导致口唇过敏性水肿等。

动物界的伪装高手

变色龙的简介

变色龙属于蜥蜴亚目避役科爬虫类，多产于东半球，主要是以树栖的方式生活。变色龙的身体特征就是身体肤色能自由变化，每2至3趾并合为二组对趾，前端生有尖牙，舌头细长并可自由伸展。鬣蜥科的安乐蜥产于西半球，亦称假避役。真避役有两个属系，Brookesia属系中有19个种类，避役属也就是Chamaeleo属系中有70个种类。

变色龙的种类中有约一半的种类仅分布在马达加斯加这一个区域中，其他大部分的变色龙种类则是分布在撒哈拉沙漠以南的非洲地区。分布在亚洲西部的有两种、在印度南方和斯里兰卡地

区的有一种；另一种普通避役分布在近东向西穿过北非达西班牙南部的一带地区。变色龙的体长一般都在17至25厘米，最长者可达到60厘米。变色龙大都具有两侧扁平，尾常卷曲，眼凸出，两眼可独立地转动等特征。

变色龙某些种类的头呈盔形状，有的种类的头盔更像是显目的头饰，有的还有会向前方伸出的长角。雄性变色龙的头盔更为显目，这有利于防卫自己的领地不被侵犯。

若有其他雄性侵入，雄性的身体伸展开来，喉部鼓起，头部毛饰立起或晃动，若仍不能吓走对方，则冲过去咬其腭部。不同种类的变色龙，体色变化也不同。变色龙的变色机制主要是由自主神经系统控制含有色素颗粒的细胞，指使其扩散或集中细胞内的色素来完成身体的变色行为。

许多种类的变色龙都可以变成绿色、黄色、米色或深棕色，常带浅色或深色斑点。变色龙肤色的颜色变化都是根据周围环境因素决定的，如变色龙在受到光线、温度，或是情绪出现波动时，都会成为它改变肤色的原因。

人们普遍认为，避役变色是为了与周围环境颜色一致。这其实是一种误解。变色龙的主要食物来源是食用昆虫，体型比较大型的种类是依靠食用鸟类来维持生命。

大多数的变色龙种类都是以卵生的方式繁衍后代，它们会在地上产2至40枚卵，然后将卵埋在土里或腐烂的木头里，约3个月的孵化期就能孵化出幼仔。南非有几个变色龙种类是以卵胎生的方式繁衍后代。

变色龙的特征

变色龙属于爬行类动物，是一种非常奇特的动物，变色龙大都是树栖。避役的体长约15至25厘米，身体的特征一般都是身体侧扁，背部有脊椎，头上的枕部有钝三角形突起。

四肢很长，指和趾合并分为相对的两组，前肢前三指形成内组，四五指形成外组；后肢一二趾形成内组，奇特三趾形成外组，这样的特征非常适于变色龙握住树枝。变色龙的尾巴很长，这可以方便它缠卷树枝。它有很长很灵敏的舌，能伸出来超过它的体长的长度，舌尖上有腺体，能分泌大量黏液粘住昆虫。

变色龙的眼睛十分奇特，主要特征就是眼帘很厚，呈环形，两只眼球突出，左右180度，上下左右转动自如，左右眼可以各自单独活动，不协调一致，这种现象在动物界中是十分罕见的。

变色龙的双眼各自分工前后注视，既有利于捕食，又能及时发现后面的敌害。变色龙舌头的长度是自己身体的两倍，通常它只需1/25秒的时间就可以用长舌捕食，这种方式被称为是闪电式捕食法。变色龙通常都栖息在树上，并喜欢做一走一停的动作，经常被天敌误以为是被风吹动的树叶。

变色龙学名被称为"避役"，"役"在汉字中的意思是说"需要出力的事"，而"避役"的意思就是说，可以不出力就能吃到食物。这也就是说变色龙善于根据周围环境，随时改变自己的皮肤颜色。变色既有利于隐藏自己，又有利于捕捉猎物。变色龙这种变换肤色的生理变化是在植物性神经系统的调控下，通过体内色素细胞的扩展或收缩完成的。

变色龙的种类

变色龙的种类约有160种，主要分布在非洲大陆和马达加斯加岛地区。其中在马达加斯加地区生长居住的变色龙种类大约有80多种，在马达加斯加是世界上最大的同时也是最独特的变色龙世界里，有59个变色龙种类是马达加斯加地区所独有的物种。

目前还有新的变色龙种类在不断被人类所发现。根据物种基因分析，变色龙种类可以定义为一个独立的物种类型。

变色现象

变色龙的皮肤会随着周围环境、温度的高低和心情而改变；雄性变色龙会将暗黑的保护色变成明亮的颜色，以警告其他变色龙离开自己的领地。有些变色龙将肤色由平时的绿色变成红色来威胁敌人。达到避免遭受天敌袭击、保护自己的目的。

变色龙的变色功能不仅具有躲避天敌的功效，还具有吸引配偶、传情达意的意思。

变色龙是自然界中公认的"伪装高手"，是"善变"的树栖类爬行动物，它完美的武装可以很好地逃避天敌侵犯和接近自己的猎物。

《美国国家地理杂志》曾撰文指出，根据动物专家的最新发现显示，变色龙变换体色不仅仅是为了伪装，另一个重要作用就是利用体色的不断变化，对同伴进行信息传递，这相当于人类语言一样，便于变色龙和同伴之间的语言沟通。

变色龙这种特别的物种是通过变换体色和同伴之间进行沟通来传递信息的。

变色龙主要分布在非洲地区，欧洲南部，还有少数种类分布在亚洲等地区。非洲马达加斯加岛是变色龙生长、生活玩耍的天堂。

美国纽约国家自然历史博物馆爬虫动物学副馆长克里斯多佛·拉克斯沃斯是目前全球研究变色龙的资深专家之一。他就曾在马达加斯加岛上发现了几个新型的蜥蜴种类，同时还积极地奔走相告，向全世界的动物组织呼吁保护马达加斯加岛的变色龙栖息基地，保

护变色龙这一大自然赐予的神奇生物。

同时，拉克斯沃斯还发现变色龙之间的信息传递和表达都是通过变换体色来完成的，它们经常在捍卫自己领地和拒绝求偶者时，表现出不同的体色。

他对变色龙不同时期变换出的不同肤色是这样解释的："为了显示自己对领地的统治权，雄性变色龙对向侵犯领地的同类示威，体色也相应地呈现出明亮色；当遇到自己不中意的求偶者时，雌性变色龙会表示拒绝，随之体色会变得暗淡，并且显现出闪动的红色斑点；此外，当变色龙意欲挑起争端、发动攻击时，体色也会变得很暗。"

为什么会变色

与其他爬行类动物不同的是，变色龙能够随自己意愿改变自己的肤色。变色龙变换体色完全取决于皮肤表层内的色素细胞，

在这些色素细胞中充满着不同颜色的色素。

纽约康奈尔大学生物系的安德森对变色龙肤色的"变色原理"进行了研究后解释说，变色龙皮肤中有3层色素细胞，最深的一层是由载黑素细胞构成的，细胞带有的黑色素可与上一层细胞相互交融；中间层是由鸟嘌呤细胞构成，它主要调控暗蓝色素；最外层细胞则主要是黄色素和红色素。

安德森说，"基于神经学调控机制，色素细胞在神经的刺激下会使色素在各层之间交融变换，实现变色龙身体颜色的多种变化。"

依据变色龙的生活习性，喜欢饲养变色龙的动物爱好者可以采用树枝制成的饲养箱给变色龙安个小家。同时，尽量保证有充

足的自然日光照射，最好是让变色龙每天接受30分钟的日照；最佳的日照时间在早上太阳出来后，在自然光线下，变色龙的颜色会更加明亮、色泽鲜明。

变色龙是一种冷血动物，因此在饲养过程中它与热带鱼有很多的相似之处，如对温度的要求都较高。通常日间温度应保持在28℃～32℃，夜间温度可保持在22℃～26℃。如果长期处于低温状态，变色龙会降低食欲减缓正常的身体生长，严重时甚至还会影响身体健康。

变色龙的主要食物是昆虫。大多数的变色龙会厌恶单一的进食方法，有时会为此而拒绝进食，直至死亡。

在线小知识

最小的变色龙：2012年2月17日，德国和美国科学家在马达加斯加新发现4种变色龙，它们成年后的躯干长度仅有指甲盖大小，可能是迄今世界上最小的变色龙。

喜欢男孩的树林

汤姆被树林"吃"掉

汤姆是美国加利福尼亚州的一名活泼可爱的小男孩，但是厄运却降落到了他的头上。

1957年3月的一天，汤姆早早地就起床了，因为父亲将带着他去树林里捉小鸟。这正是他梦里所想的事情。所以他就早早起来准备捉鸟的笼子，以备捉鸟时用。

吃过早饭，汤姆一手提着自己的鸟笼子，一手拉着爸爸的手，同妈妈说了一声再见，就向郊区外的小树林走去，和他们一起去的还有他的哥哥和姐姐。

汤姆好久没出来玩了，所以跑得特别快，不一会儿就钻到小树林中。这时哥哥已经抓到一只麻雀，喊着汤姆过去拿。可是他喊了几声，都没有听到汤姆的回音。刚开始他们以为汤姆在同他们捉迷藏，可是两个小时过去了，汤姆依然没有露面。

这下父亲和哥哥姐姐急了，在树林中四处寻找小汤姆，可是

把整个树林都找遍了，依然找不到汤姆的下落。

父亲在情急之中报了案，声称自己的儿子不见了。警察带领几百名志愿者，对这个不足1平方千米的小树林进行了地毯式搜索，可仍然一无所获。难道是这片树林把汤姆给"吃"掉了？

接连不断的失踪事件

在汤姆失踪后的半年里，又有两名小男孩在此失踪，而奇怪的是跟这两个小男孩一同玩耍的一个名叫珍妮的小女孩却安然无恙，这不禁引起了人们的疑问。

当时这三起失踪案并没有引起当地政府的注意，直至1960年，又一名小男孩在此失踪后，政府才认识到这片树林的恐怖，于是下令把这片树林给砍除了。

"重男轻女"的树林

儿童在这片树林的神秘失踪令科学家们大伤脑筋，尤其让他们迷惑不解的是为什么一同在树林中玩的珍妮却一点事都没有，并且失踪的大都是年龄在八九岁的男孩。

他们在人们的面前悄无声息地消失，难道这儿真有一种超自然的力量，能够把人不知不觉地移走？难道上天就只喜欢八九岁的男孩？实在找不出一个满意的答案。

> 在线小知识
>
> 吃人树：非洲的马达加斯加岛上，有一种能够吃人的树木，树上带有硬刺的叶子，人若上去会被紧紧包裹起来，几天后，树叶重新打开时就只剩下一堆白骨了。

会吃人的奠柏

世界上最凶猛的树

听说过凶猛动物会吃人，还不知道植物也能吃人。世界上能吃动物的植物约有500多种，但绝大多数只吃些细小的昆虫。生长在印度尼西亚爪哇岛上的奠柏，居然能"吃"人。听起来真是不可思议，它可以说是世界上最凶猛的树了。

这种树长有八九米高，树枝上长着很多长长的枝条，垂贴在地面上。

这些枝条有的就像快断的电线，风一吹就左右摇晃，这时有人想去把那些枝条接上或者如果有人不小心碰到了它们，树上

所有的枝条就会像魔爪似的向同一个方向伸过来，一下了就把人给卷住，而且会越缠越紧，人根本就脱不了身，更别想离开它。

同时，枝条会流出一种胶状的液体，把人消化掉。然后又重新展开枝条等待着下一次机会。

莫柏多么可怕啊！提起它会使人不寒而栗。当地人已掌握了它的"脾气"，只要先用鱼去喂它，等它吃饱后，懒得动了，就赶快去采集它的树汁。因为这树液是制药的宝贵原料。

莫柏虽然凶猛，但终究斗不过人，最后再古老的树也还得乖乖地被人们利用。

为什么这种树要以人或动物作为自己的养料呢？有科学家研究过，在爪哇岛上，莫柏生活的这一片土地的土壤相当的贫瘠，这种树长期得不到充足的养料，它为了能够生存，就只好练出了这一种绝招。

吃人植物存在吗

在巴拿马的热带原始森林里，生长着一种类似奠柏的"捕人藤"。如果人不小心碰到了藤条，它就会像蟒蛇一样把人紧紧缠住，直至勒死。

据报道，在巴西森林里，还有一种名叫亚尼品达的灌木，在它的枝头上长满了尖利的钩刺。

人或者动物如果碰到了这种树，那些带钩刺的树枝就会一拥而上，把人或动物围起来刺伤。如果没有旁人发现和援助，就很难摆脱这种困境。

这一次次耸人听闻的报道，使植物学家对此不能无动于衷。1971年，由一批南美洲科学家组成的一支探险队，深入马达加斯加岛，在传闻有吃人树的地区进行了广泛的调查，结果却是一无所获。

  对于食人植物，很多人持肯定态度。众所周知，有一些植物对光、声、触动都很敏感，如葵花向阳，合欢树的叶朝开夜合，含羞草对触动的反应等。

  最近又有人发现，植物也有味觉、痛觉，甚至也会唱歌。由此推论下去，食人植物的存在不是没有可能的。

  见血封侯：我国西双版纳地区的傣族人，习惯用箭毒木的毒汁制造毒箭打猎。这种毒箭杀伤力很强，野兽一旦中箭，见血即死，因此人们叫它"见血封喉"。

会 "走路" 的石头

俄罗斯会移位的石头

在俄罗斯普列谢耶湖东边，有一块奇石，蓝色，直径近15米，重达数吨，但近300年来已经无数次变换过位置。

17世纪初，人们在阿列克赛山脚下发现了这块会 "走路" 的巨石，后来人们把它移入附近一个挖好的大坑中。数十年后，蓝色怪石不知何故却移到了大坑边上。

1785年冬天，人们决定用这块石头建造一座新钟楼，同时也为的是 "镇住" 它。可当人们在冰面上移动它时，不小心让它坠落湖底。

到了1840年，这块巨大蓝石竟躺在普列谢耶湖岸边了。如今它又向南移动了数千米。科学家们对这一奇特现象进行了长期的分析研究，但始终未能明白蓝色巨石同重力场之间究竟存在着怎样的联系。

美国死谷走石头

在美国内华达山脉东边，有一条南北走向的山谷，当地人称之为 "死谷"。人们发现这里有许多石头会 "走路"，并留下许多 "足迹"。

美国科学家夏普对这一奇特现象进行了观察研究。他把25块石头按顺序排列并逐个准确标出位置，定期进行测量，果然发现这些石头几乎全部改变了原先的位置。

有几块石头竟然爬了几段山坡，"行走"了长达64米的路程。看来，这些会"走"的石头不是人为制造的假象。那么为什么它们会行走呢？是神秘力量所为？

有人观察后认为死亡谷底平衡着一层特殊的泥土，被雨淋过后，这层泥土便变得异常光滑。一旦刮起大风，石头便会在泥土上滑动起来，并随着风向的变化频频移动。

印度会走路的岩石

在印度北部一条小河的两岸，有两块相对的大岩石，其中一块较大，呈人形状，高约3米。据传，古时有一对兄弟因双亲死去而非常悲伤，于是一起投河自杀，就变成了这一对"兄弟岩"。1965年5月17日，牧羊人昆得斯和迪亮发现一块岩石竟向北移动了10米，他们立即骑上马赶去报告村长及村人，村里人都好奇地前来观看。

一个月后他们因放牧又经过河边，发现原来分离的岩石，不

知何时又相对在一块了，两人又赶去向村人和村长报告了这一件奇怪的事。

"不可能的呀！昨天我们才路过河边，它们还离得十分远！"村长实在不相信，赶紧和他们赶到现场。村长心想一定是昨天晚上由北移来此地的。可是这么大的岩石，居然在一夜之间能移动10米，而且又是向一定的路径移动，实在令人难以相信。

据村里的老人说，在20年中那一对岩石竟移动了5次，而且都是小的那一块向北移过一段时间后又回到了老地方。

自行增减重量的怪石

我国贵州省惠水县有一块椭圆形石头，可以自行增减重量2000克左右。据圆石主人说，最初石重22.5千克，朋友们在1989年春节时来观赏"宝石"，圆石重量已变成了25千克。随后一

连数天，换了8杆秤反复校验，发现此石最重时25千克，最轻时22.5千克，上下变化达2500克。

研究人员在一次测定中记录了当天11时13分、11时43分、12时28分这3个时刻圆石的重量分别为21.8千克，22.8千克，23.8千克。在短短的75分钟内，圆石的重量竟增加了2000克。这种重量变化是否对应了重力场的某种变化呢？还没有准确的答案。

自行升空的"圣石"

印度西部马哈拉斯特拉邦叫希沃布里的村子中，有一座苏菲派教徒圣人库马尔·阿利·达尔维奇的神庙。在庙前空地上有两块各重90千克左右的"圣石"，能随人们的喊叫声而自动离地腾空。只要人们用右手的食指放在"圣石"底部，异口同声且不停顿地喊着"库马尔·阿利·达尔维——奇——奇——奇"，并且发"奇"字时的声音尽可能拖得长一些，这样，沉重的石头就会像活人般顿时从地上弹跳起来，悬升到约两米的高度。直至人们喊得上气不接下气时，它才会落回到地上。

沉重的岩石飘然离地的秘密何在？难道人们采用的特定方式能够改变重力作用吗？来自人体的信息是如何在某种程度上抵消重力的效果的呢？这些都是悬而未解之谜。

在西班牙的比利牛斯山顶上有一块会"哭泣"的岩石。这块岩石的哭泣声像女人低声饮泣一样，听来十分伤感，奇怪的是，这块岩石只有在晴天的傍晚才哭泣，而且时间只有一两分钟。

在线小知识

会"唱歌"的石头

青岛发现会唱歌的石头

2008年3月，我国山东省青岛平度市明村镇的村民在当地的三合山上发现了一种会"唱歌"的石头。这些石头有的可以发出水流的声音，有的可以发出"叮叮当当"的声音，当地的许多人都将这种石头拿回家给孩子当玩具。

村民称这种"会唱歌的石头"为"子母石"。子母石的形状大多数都像一种小动物，发出的声音清脆悦耳。子母石最重的达10千克以上，最小的只有拳头大小。据专家称子母石很可能是沉积多年的土层或火山爆发后形成的火岩石。

重庆发现响石

重庆巴南区丰盛镇桥上村也有一种响石，只要拿起一摇，便能发出响声。从外形上看，这些石头与普通石头大小一致，但相对较轻，因为响石是中空的。

当地人曾经将响石砸开，发现响石里面有一些颗粒物或液体。专家说正是这些物质使响石发声的。因为摇动响石后，里面的物质会撞击石壳，从而发出声音。

那么，子母石会发出声响和响石的原理应是一样的，子母石中也应含有液体或某种固体。

石头为何会发出声音

响石究竟是怎样形成的？响石是十分稀有的，它们的形成已有几十万甚至上百万年，主要成分有铁、硅等多种物质。经过调查研究，专家发现响石仅仅分布在东温泉山中的一条线上，而其他地方很少会有响石出现。出现响石的这一带的岩石主要就是碳酸钙镁，就是白云石，白云石以外的地方就很少发现响石。

经过地质条件对比，专家认为这种由白云质灰岩风化后形成的黄色黏土应该是形成响石的基本物质基础。

但这并不意味着我们就已经找到了响石形成的真正原因，因为响石的形成肯定是由多种因素造成的，例如当地的地壳变迁以及环境、气候变化等，只能说目前只是专家发现了一个典型特征后对响石形成原因的初步判断，而具体的原因还有待于专家对响石的继续研究。

在线小知识

美国加利福尼亚州的沙漠地带，有一块巨大的岩石，每当月圆，需用篝火围住巨石，待升起一团团烟雾的时候，巨石就会发出一种迷人的乐声，就像艺术家在弹凑一首美妙的曲子。

海洋怪物

　　海洋怪物就是生活在大海里的怪物。在偌大的海洋中，蕴藏着丰富的生物资源和生活资源，当然也隐藏着难解的怪物怪事。这一切都使得海洋越发显得神秘。

海洋中的口技专家

海中金丝雀

　　白鲸以多变化的叫声和丰富的脸部表情而闻名，早期的捕鲸者称之为"海中金丝雀"。白鲸广泛分布于北极与亚北极地区，自古以来它们一直是北极地区人类社会的重要商品，为当地原住民提供了食物、燃油、皮革等物资。

　　它们的活力与适应力、特殊的外貌、易受吸引的天性以及可接受训练等因素，使其成为海洋世界的明星之一。

　　几个白鲸集中的地区已成为赏鲸圣地，包括加拿大东部的圣劳伦斯河下游与哈得孙湾、西部的丘吉尔河河口。白鲸的潜水能力相当强，对于北极的浮冰环境有很好的适应力。

　　出生时身长体重：1.5至1.6米，80至100千克；最大身长体重纪录：雄性4.2至4.9米，1100至1600千克；雌性3.9至4.3米、700至1200千克。白鲸的寿命至少25

年，长的可能达50年以上。

白鲸是地道的夏季旅行家，每年7月，成千上万条白鲸从北极地区出发，开始它们的夏季旅行。

它们少则几只，多则几万只，浩浩荡荡地游向度假地。一路上它们一边悠闲地游玩，一边不停地表演，平时冷清的海湾、河口、三角洲顿时热闹异常。

最优秀的"口技"专家

白鲸是鲸类王国中最优秀的"口技"专家，它们能发出几百种声音，而且发出的声音变化多端，能发出猛兽的吼声、牛的"哞哞"声、猪的呼噜声、马嘶声、鸟儿的"吱吱"声、女人的尖叫声，病人的呻吟声、婴孩哭泣声……

此外，白鲸还可以发出铰链声、铃声、汽船声等，叫人惊叹不已。能够亲耳聆听白鲸的歌喉，是一种难得的享受。

白鲸不停地"歌唱"，实际上是在自娱自乐，同时也是同伴之间的一种交流，这是它们夏季度假的一个重要内容。

白鲸群进入河口时显得十分兴奋，虽然已经进行了长距离旅行，但它们似乎一点儿都不觉得累。除了用不同的歌喉不停地"交流"之外，还用自己宽大的尾叶突戏水，将身体半露出水面，姿态十分美丽。

白鲸还可以借助各种"玩具"嬉耍游玩。一根木头、一片海草、一块石头都可以成为它们的游戏对象。

它们可以顶着一条长长的海藻，一会儿潜泳，一会儿浮升，嘴里不停地发出欢快的声音。有时它们迷上了一块盆子大小的石头，先是用嘴拱翻石头玩，接着把石头衔在嘴里跃出水面，更绝

的是它们会把石头顶在头上像杂技演员那样在水面上表演。

白鲸不仅体态优雅，也极爱干净。许多白鲸刚游到河口三角洲时，全身附着许多寄生虫，外表和体色显得十分肮脏，他们自己也好像极不舒服。

这时它们纷纷潜入水底，在河底下打滚，不停地翻身。还有一些白鲸则在三角洲和浅水滩的砂砾或砾石上擦身。他们天天这样不停地翻身，一天长达几个小时。几天以后，白鲸身上的老皮肤全部蜕掉，换上了那白色的整洁漂亮的新皮肤，体色焕然一新，非常美丽。

白鲸的生存现状：自从17世纪以来，由于捕鲸的高额利润，捕鲸者对白鲸进行了疯狂的捕杀，致使白鲸数量锐减。更加可悲的是白鲸的生态环境遭到毁灭性的破坏，一批批白鲸相继死亡。

在线小知识

最神秘的海洋巨物

海洋中的庞然大物

座头鲸虽然不是世界上最大的鲸类，但也是海洋中当之无愧的庞然大物，体型庞大而臃肿，体长达11至19米，体重约为40至50吨。

它的头相对较小，扁而平，吻宽，嘴大，嘴边有20至30个肿瘤状的突起，有趣的是每个突起的上面都长出一根毛，而身体的其他部位却全都没有毛。

鲸须短而宽，每侧都在200条以上。背鳍较低，短而小，背部不像其他鲸类那样平直，而是向上弓起，形成一条优美的曲线，故得名"座头鲸"，也叫"弓背鲸"或者"驼背鲸"。

胸鳍极为窄薄而狭长，约为550厘米左右，几乎达体长的2/3，鳍肢上具有4趾，其后缘有波浪状的缺刻，呈鸟翼状，所以又被称为"长鳍鲸"、"巨臂鲸"、"大翼鲸"等。

下颌至腹部有20条左右很宽的平行纵沟或棱纹，腹部具褶沟。通常身体的背面和胸鳍呈黑色，腹面呈白色，但也有的背面和胸鳍也呈白色。

雌鲸体后的下侧长有一条细长的裂口，终止在肛门附近。据说在繁殖的时候，雌鲸就是用它包裹住雄鲸的生殖器，来完成交配过程的。

座头鲸的习性

座头鲸分布于太平洋、大西洋及世界其他海洋中，在我国见于渤海、黄海、东海、南海和东海含台湾海峡海域一带。

座头鲸一般在寒带和热带之间的一定海域中回游，并有固定

的回游路线。例如在美国夏威夷群岛附近，每年从11月开始，都有大约400头汇集于温暖的水域里越冬，从翌年3月下旬开始离开向北迁徙，当再次接近陆地时，已经是在几千千米以外的北太平洋了，其中有一些可以到达白令海峡，另一些则到达阿拉斯加东南分散的小岛附近海域。

不可想象的是，这种庞然大物竟然是以鳞虾这种体长还不到一厘米的小型甲壳动物为主要食物的，此外还有鳞鱼、毛鳞鱼、玉筋鱼和其他小型鱼类等。

座头鲸的嘴张开时，其特殊的弹性韧带能够使下腭暂时脱落，形成超过90度的角度，口的横径可达到4.5米，可以一口吞下大量的磷虾或较小的鱼类，但其食道的直径则显得大小，不能吞下较大的食物，这可能就是它只能吃小动物的原因之一。

由于越冬期间好几个月都不进食，为了维持那硕大无朋的身躯所需要的体能，在夏季里便要吃大量的食物，常常可以连续吃上18个小时。

由于日照充足，北方冰川地带的海湾里浮游生物大量滋生，养育了以浮游动物为食的鳞虾，数量巨大，常常数百万只群集在一起，因此为座头鲸提供了极为丰盛的食物来源。

具有社会性的动物

座头鲸是有社会性的一种动物，性情十分温顺可亲，常以相互触摸来表达感情，但在与敌害格斗时，则用特长的鳍状肢，或者强有力的尾巴猛击对方，甚至用头部去顶撞，结果常造成皮肉破裂，鲜血直流。

座头鲸游泳的速度很慢，每小时约为8至15千米，在海面缓缓游动时，就像一座冰山一样，身体的大部分沉在水下，有时又像是一个自由飘浮的小岛，人们在海岸上也能看到它露出海面的身体。

游泳、嬉水的本领十分高超，有时先在水下快速游上一段路程，然后突然破水而出，缓慢地垂直上升，直至鳍状肢到达水面时，身体便开始向后徐徐地弯曲，好像杂技演员的后滚翻动作。

座头鲸可以钻入水中快速潜水游动，仅用几秒钟就消失在波浪之下，进入了昏暗的深渊。

露出水面呼吸时，从鼻孔里会喷出一股短粗而灼热的一种油和水蒸气混合的气体，把周围的海水也一起卷出海面，形成一股蔚为壮观的水柱，同时发出洪亮的类似蒸汽机发出的声音，被称之为"喷潮"或"雾柱"。

有时它还兴奋得全身跃出水面，高度可达6米，落水时溅起的水花声在几千米外都能听到，动作从容不迫，优美动人。在它的皮肤上不仅常附着藤壶和茗荷等蔓足类动物，而且携带着许多诸如鲫鱼一类有吸盘的动物，加起来足有半吨重之多，然而这似乎丝毫也不影响它的行动和情绪。

座头鲸的配偶为一夫一妻制，雌鲸每两年生育一次，怀孕期约为10个月，每胎产一仔。

当雌鲸带着幼仔时，往往另有一只雄鲸紧跟其后，它的任务是对入侵的其他鲸或小船进行拦截，不过要是遇上凶恶而狡猾的虎鲸时，它就无能为力了。

像其他哺乳动物一样，雌鲸用乳汁喂养幼仔，乳汁由乳头自动挤出，幼仔在水中吸食，幼仔发育很快，每天体重可以增长40至50千克。

更令人叹服的是雌鲸在哺乳期间为幼仔的成长提供一切营养，而它自己却在很长时间内不吃东西，直至几个月以后才开始

寻找食物。

雌鲸与幼仔之间也常常是温情脉脉的，幼仔用两鳍触摸着雌鲸，有时好像是抓在雌鲸的身上。座头鲸的寿命一般为60至70年。

地道的海中灵物

在鲸类王国里，座头鲸可谓是一种地地道道的海中灵物了。

座头鲸的背鳍很短小，胸部鳍状肢窄薄而狭长。它们经常挥舞像鸟翼一样的胸鳍拍打击水，因此又有人叫它们"巨臂鲸"、"大翼鲸"。座头鲸在海面经常做出各种精彩表演。座头鲸不但外貌奇异，而且智力出众。

它们会使用气泡形成的柱网捕食，而且它们的叫声悦耳悠扬，善于变化创新。所以，人们把座头鲸叫作神秘歌手。生物学家称赞它是海洋中最杰出的"歌星"。

夏威夷水域自古以来就是座头鲸的越冬地。从18世纪至20世纪期间，在人类大量的捕杀下，座头鲸的数量剧减。直至1966年，在科学家们的呼吁下，国际捕鲸委员会才颁布了禁止捕猎座头鲸的法令。

1970年，国际自然资源和自然保护联合会，把座头鲸列入世界濒危动物名单。我国已经把座头鲸列为国家二级保护动物。

座头鲸的神秘之歌

据生物学家的最新研究发现，座头鲸用以交流的"歌声"中包含有人类语言要素。不过尽管研究者认为鲸在本质上尚未拥有自己的语言，但他们还是发现了座头鲸歌声与人类语言之间的相似之处。研究小组负责人玲木真田告诉记者，人类和鲸都是用抽象的声音单位进行交流的。这些声音单位通过不同等级的结构组合在一起。就好像一篇文章是由段落组成的；一个段落是由句子组成的；一个句子是由分句组成的一样，以此类推，它们都是位于不同的层面的。他还补充说："就座头鲸的歌声而言，一段歌是由一首首歌组成的；一首歌是由旋律组成的；一个旋律是由一个个短语组成的；一个短语则是一个个音符组成的。"

将所有这些要素归纳起来看，就会发现座头鲸有某种类似自己语法的东西，这就好像句子中的词汇按语法的排列顺序一样。

玲木真田和他的同事约翰·布克、彼得·提阿克设计了一个电脑程序，通过该程序将鲸的歌声分成小段并转换成数学模型。

而后，通过一种信息理论技术分析每个符号的平均信息量，对其复杂性和结构进行量化研究。电脑分析和人工观察都发现鲸的歌不但有层次分别，还能够在每秒内传递大量信息。

一般，人类每说出一个词就传达出一比特信息，甚至更多。但鲸是在水中进行交流的，而且通常都是长距离的，由于声音在水中的传播速度是在空气中的4倍，因此水有助于"歌声"的传播。马萨诸塞斯大学研究合作人詹妮弗·克西斯·欧德斯是世界上少数几个利用信息理论对鲸的歌声进行研究的人。她告诉记者："我非常赞同这一新发现。我目前正在用信息理论对座头鲸的交流进行研究，而且我也得出了同样的结论。"

她也认为水生动物的歌声和声音不能用现有的语言来分类；她和玲木都承认他们还无法了解鲸歌声的含义，这还需要作进一步的研究。

玲木说："这就是我们所知道的一点东西。座头鲸歌手通常都是雄性，而这些歌很可能是求偶的表白。歌的种类则随着求偶季节而不断发展，并且一个族群的所有动物似乎用的都是同一首歌。也就是说座头鲸是在互相学习的。不过关于这一点的细节尚不清楚。而这些歌的意思也不清楚。"

座头鲸的分布现状：大部分栖息于太平洋一带，总数只剩下4000头左右。我国黄海、东海、南海均有分布。成年座头鲸在中美洲西海岸的哥斯达黎加附近进行交配、分娩、哺乳。

在线小知识

海洋中最神秘的鲸

历史上的独角兽

清代南怀仁所著《坤舆图说》一书中有："独角兽，形大如马，极轻快，毛色黄。头有角，长四五尺，其色明，做饮器能解毒。角锐能触大狮，狮与之斗，避身树后，若误触树木，狮反啮之。"国外早期的动物志中也有独角兽动物的记载。这些动物的图形都画得像马，但实际动物谁也没有看见过。后来人们逐渐了解到，这独角兽实际上是指北极海域的一角鲸。

一角鲸是生活在北冰洋较深水域的一种小型齿鲸类，雄性有5米长，900至1600千克重，雌鲸略小。雄鲸的上颌有两枚齿，唯左侧一枚按逆时针方向成螺旋状朝前生长，长者可以达3米，竖起来几乎相当于两个人接起来一样高。西欧在17世纪前一直把它的牙误以为是它的角，故名一角鲸或独角鲸。在兽类中以大象的象牙最大、最珍贵，但远不如一角鲸的齿长而奇特。这牙像摩圆柱一样呈螺旋状，又像轻剑一样尖锐而锋利，简直是一支磨快的长矛。

具有神秘色彩的一角鲸

由于这种牙齿在动物中是独一无二的，过去的人们都把它当成魔杖，西欧用它来制药，说它是能治百病的灵丹妙药，使它蒙着几多神秘色彩，身价百倍，价格非常昂贵。

据说，当年罗马帝国查理五世，用一对一角鲸牙交给两位大

日尔曼封疆诸侯，以偿还所欠的一大债务。1559年，威尼斯人出价3万威尼斯金币想买其中一枚，但未成交。诸侯们把这牙保存起来作为灵丹妙药，如果氏族中有人命在垂危，家族的代表都集合起来，监督着从长牙上锯下一点给病人吃。

1611年，英船把一枚牙带到君士坦丁堡，有人愿出2万英镑购买它，货主未卖。法兰西王后凯瑟琳在16世纪中期与法兰西皇太子结婚时，她的叔叔克蒙特七世教皇，送给他的一份厚礼，就是一枚用一角鲸的牙制成的头饰。

西欧稍大一些的领主，餐桌上都要放一根一角鲸的牙，认为它是一个能排毒的魔棒，只要在含有毒药的食物或饮酒中，放入这种角，毒物便很快变黑、起泡，毒性随之消失，当时富贵阶层都耗巨资来买这神奇的角。在历代国王的餐桌旁，有专门侍从擎着它。还有的将它装饰在国王的宝座上，或做成珍贵的手杖，或用作帝王所乘车上的华盖支杆，成为权势的象征。

鲸角的神秘作用

一角鲸的角到底有什么用处，一直是科学家感兴趣的问题。有人认为一角鲸栖于千里冰封的北极，这角用来破冰以利呼吸；有的认为是用于海底翻砂觅食的工具；也有的说，鲸回声定位时作为发射超声波的天线用；还有的说雄鲸用作统领鲸群，就宛如牧羊人用的赶羊鞭；有的认为是用作攻击船只的工具，或用来使身体散热、调节体温等。但人们发现，一角鲸是以鱿、鱼等为食，并不需要翻砂，它也不攻击船只，而且雌鲸没有这种齿不照样活得很好么？所以多数人认为这长牙不过就像公鸡的鸡冠和狮子的鬃毛一样是雄鲸的第二性征而已，在生殖季节这牙还用于争雌斗争，鲸体身上常有伤疤就是证明。

有的科学家检查了39只雄鲸，有24只的长牙都折断了，有的雄鲸身上有60多处伤疤，有一只被检查的雄鲸下颌有一段9厘米

ss

长的断牙，显然是被刺进去的，说明它们的厮杀还是相当激烈的。但是仍有些问题不好回答，如它的牙齿为什么只有左侧的一枚延长，而不是右侧一枚或者统统都一样延长？为什么一定要长成螺旋状，这螺旋状为什么一定是朝左旋而不是朝右旋呢？对此，还有待进一步的研究。

嘴里长牙的怪兽

在北冰洋寒冷的海域里，生活着一种嘴里长牙的怪兽，那根牙足有两三米长，从牙根到牙尖还有一条螺旋状的沟，自右向左旋转而上，这就是一角鲸。

平时，一角鲸活动在北极靠近冰层的附近，如果有杀人鲸想吃它们，它们就飞快地游到冰层下，杀人鲸由于有高高耸立的背鳍，不敢追入冰下，害怕弄伤背鳍，只好却步。最大的一角鲸有1700多千克，形状像一头大白鲸，它们长有近10厘米厚的脂肪，可以抵御北极地区的寒冷。

一角鲸是群居动物，它们常常10至100只成群游荡在北极周围的水域，追逐鱿鱼和格陵兰大比目鱼，这两种动物都是它们最爱吃的。至于它们怎么捉到食物，就没有人知道了。在游荡中，它们还不断地互相通信，发出尖叫、颤音、口哨声及滴答声。如果你处身其中，你就会发现它们发出的声音简直就是震耳欲聋。难怪有人说它们用很大的声音将猎物震昏后吃掉。

一角鲸的有趣故事

关于一角鲸还有许多有趣的故事。在中世纪的欧洲，有钱人对一角鲸的牙着了迷，他们把一角鲸的牙当成了传说中独角兽的

角，认为它是灵丹妙药，可以医治百病，用来做成酒杯，可以检验食物或酒中是否有毒。或者用它来做成饰物以显示华贵和富有。

但是，北极地区的因纽特人才不这样迷信，他们把它叫作尸体鲸。因为它常常腹部朝上，躺着一动不动，就像一具鲸的尸体。

它只不过是因纽特人的一种不怎么好的猎物罢了。当地人看中的是它的皮和皮下的鲸油。一角鲸的皮很好吃，还含有大量的维生素C，北极寒冷，缺少水果和蔬菜，鲸皮是个很好的替代品。

鲸油可以用来照明和取暖，至于肉嘛，由于不怎么好吃，除非万不得已，当地人是不会吃它的，只好用来喂雪橇狗了。过去，一角鲸的牙只不过是一种做鱼叉和矛头的好材料，可是，当欧洲人把它当成宝后，一角鲸的牙就成了它丧命的主要原因。

现在，一角鲸的数量正在急剧下降；人们不得不把它列入保护之列。

一角鲸的神秘长牙

一角鲸其实叫一齿鲸更恰当些，因为雄一角鲸有那么一枚神秘的长牙。本来，在胚胎期的一角鲸有16颗牙，但这些牙好像停止了发育，到出生时，多数牙都退化消失了，仅上颚的两颗留下来，而雌鲸的牙始终隐藏于上颌中，只有雄鲸左侧的一颗才破唇而出，像一根长杆一样伸出嘴外。

那么这个长牙用来做什么呢？有人认为雄一角鲸在繁殖季节里用长牙进行决斗，争夺配偶；有人说长牙中空，可能是它们听觉系统的一部分，长牙在同族的听觉对抗中起着传播声波的作用；也有人说一角鲸不是哺乳动物吗，它要呼吸，如果它在冰层下来不及游到呼吸孔，它就可以用长牙凿一个冰洞呼吸空气；还有人说它只不过是枚牙，是它的第二性征，就像男人长胡子一样。但是，这些说法都只是人们的猜测，因为一角鲸和它的近亲白鲸都栖息在遥远而寒冷的北极海域，想研究它们并不容易。

以前曾有科学家捕到几条一角鲸，给它的长牙上带上无线电监测器后放掉，但不几天，这些鲸就神秘地逃出了科学家的监控，消失得无影无踪，留给人的只是更多的谜。

在线小知识

一角鲸在冰层中生活也有危险的地方。如果在海湾中逗留太久，冰蔓延，冰块之间的缝隙缩小，独角鲸会被困其中，被锋利的冰块割伤。几千年前，曾有大量独角鲸被冰所困，集体死亡。

最神秘的海洋巨蟒

北海巨妖

曾多次阻遏丹麦大军入侵英伦的英格兰国王阿尔弗雷德大帝，是9世纪颇有智慧而博学的一位领导者，关于传说中的海洋巨蟒，他曾在他的羊皮纸簿中这样写道："在深不可测的海底，北海巨妖正在沉睡，它已经沉睡了数个世纪，并将继续安枕在巨大的海虫身上。直至有一天，海虫的火焰将海底温暖，人和天使都将目睹，它带着怒吼从海底升起，海面上的一切都将毁于一旦。"

阿尔费雷德大帝在羊皮纸中所提到的北海巨妖，也就是北欧

传说中至少有30米长的巨大海怪，或称海洋巨蟒。传说它们平时伏于海底，偶尔会浮上水面。有的水手会将它的庞大躯体误认为是一座小岛。这种海怪威力巨大，据说可以将一艘三桅战船拉入海底。因而说起这种海怪，人们总是毛骨悚然、谈之变色。那么这个看似言之凿凿的传说究竟是真是假呢？

船长前沿所见

一个叫索罗门·阿连的船长声称自己曾亲眼见过传说中的海洋怪兽。他说那是在1817年的8月，地点是在美国马萨诸塞州格洛斯特港海面上。

他这样描述了当时的场景："当时，像海洋巨蟒似的家伙在离港口约130米左右的地方游动。这个怪兽长约40米，身体粗得像半个啤酒桶，整个身子呈暗褐色，头部像响尾蛇，大小如同马头。它在海面上一会儿直游，一会儿绕圈游。它消失时，会笔直地钻入海底，过一会儿又从180米左右的海面上重新出现。"

我们不能确定，他所说的到底是真是假，但是同一艘船上的其他人也声称自己见到过巨蟒。那么，这个人又是谁？他当时又看到了什么呢？

还见到过海洋巨蟒的人是和索罗门·阿连船长同一艘船上的木匠马修和他的弟弟达尼埃尔及另一个伙伴。他们说他们遇到巨蟒时正乘坐一艘小艇在海面上垂钓。

马修之后回忆说："我在怪兽距离小艇约20米左右时开了枪。我的枪很好，射击技术也不错，我瞄准了怪兽的头开枪，肯定是命中了。谁知，怪兽就在我开枪的同时，朝我们游来，没等

靠近，就潜下水去，从小艇下钻过，在30多米远的地方重又浮出水面。

奇怪的是，这只怪兽往下潜时并不像鱼类那样有幅度的往下游，而是做垂直方向的下沉。我是城里最好的枪手，我清楚地知道自己射中了目标，可是海洋巨蟒似乎根本就没受伤。当时，我们吓坏了，赶紧划小艇返回到船上。"

如果说这艘船上的人说的都是假的，可还有人声称也见过这样的场景。

再遇海洋怪兽

时间精确到1851年1月13日的清晨，发现者是当时航行在南太平洋马克萨斯群岛附近海面的美国捕鲸船"莫侬加海拉号"的一名海员。他在桅杆上瞭望时惊呼起来："那是什么？从来没见过这种怪物！"

　　船长希巴里闻讯奔上甲板，举起单筒望远镜向远处看去。他说："唔，那是海洋怪兽，快抓住它！"

　　随即，从船上放下3艘小艇，船长带着多名船员手执锋利的长矛、鱼叉，划着小艇向怪兽驶去。那只怪兽是个身长30多米的庞然大物，单单颈部的粗细就有几米，而它身体最粗的部分竟达10米左右。

　　该兽头部呈扁平状，有清晰的皱褶，背部为黑色，腹部则为暗褐色，中间有一条不宽的白色花纹。这只怪兽在海中游弋起来像一艘大船，让大家都看得目瞪口呆。

　　当微小的小艇快靠近那只巨大的怪兽时，船长一声令下，10多只鱼叉、长矛立即向怪兽刺去，顿时，血水四溅，突然受伤的怪兽在大海里挣扎、翻滚，激起阵阵巨浪。

　　船员们冒着生命危险，与怪兽殊死搏斗，最后怪兽终因寡不敌众，力竭身亡。

　　船长将怪兽的头切下来，撒下盐榨油，竟榨出10桶像水一样清澈透明的油。

　　让人感到遗憾的是，"莫侬加海拉号"在返航途中遭遇海

难。向大家讲述这个奇遇的是幸存的几个海员。

英国战舰的海洋奇遇

1848年8月6日，英国的战舰也经历过这样的海洋奇遇。当时的英国战舰"迪达尔斯号"从印度返回英国时，途经非洲南端的好望角。当从好望角向西驶去约500千米时，瞭望台上的实习水兵萨特里斯突然大叫了起来："一只海洋怪兽正朝我们靠拢！"

船长和水兵们急忙奔到甲板上，只见在距战舰约200米处，那只怪兽昂起头正朝着西南方向游去，这只怪兽仅露出水面的身体便长约20多米。

当时的船长拿着望远镜仔细地观察了那只怪兽，并把当时发生的一切都详细地记载在当天的航海日志上，并亲手绘制了一张海洋怪兽的图像。

这种关于海洋怪兽的目击事件不仅在太平洋、大西洋、印度洋发生过多次，在濒临北极或者南极的海域也时有发生。1875年，一艘英国货船在距南极不远的洋面发现海洋巨蟒，当时，它正与一条巨鲸在搏斗。1877年，一艘豪华游轮在格拉斯哥外海发现巨蟒，在距邮轮200多米的前方水域，巨蟒在回旋游弋。

1910年，在临近南极海域，一头巨蟒还向一艘英国拖网渔轮发出攻击。

1936年，在哥斯达黎加海域航行的定期班轮上，8名旅客和2名水手曾目击海洋巨蟒。

　　1948年，在南太平洋航行的4名游客，看见的海洋怪兽不仅身长30多米，而且背上有好几个在其他传说中的巨蟒身上没有见过的瘤状物。

　　虽然人们屡次在海洋上见到了海底巨蟒，但迄今为止，人们对于这种海洋怪兽的底细还一无所知；它们的神秘身份仍是一个未解之谜。

在线小知识

　　20世纪初，有人建造过一艘特别探险船去捕获海洋巨蟒。船上装备了能吊起数吨重物的吊钩，以及长达数千米的钢缆，准备了12头活猪作为诱饵。但该船远赴大洋几经搜索，终未遇见海洋巨蟒。

出没在喀纳斯湖的怪兽

变色湖里的怪兽

在新疆维吾尔自治区阿尔泰的深山密林之中，有一个出名的喀纳斯湖。喀纳斯在蒙古语里面解释为美丽富饶、神秘莫测的意思。而喀纳斯湖也确实是一个美丽神秘的"变色湖"。为什么要把它叫作"变色湖"呢？

因为卡纳斯湖的湖水颜色会因为外界的天气和季节而不断变化。晴天的时候喀纳斯湖的颜色深蓝带点绿色；而在阴雨天的时候就变为灰暗的绿色；在炎热的夏季到来的时候湖水又变成蔚蓝带绿的乳白色。由此才得名"变色湖"。

喀纳斯湖除了变色的湖水外，还有一条长达千米的枯木长堤、雨后奇景"喀纳斯云海佛光"，而最吸引人的还是那个流传了千百年的神秘传说：喀纳斯湖里面有巨型的"湖怪"。这更给喀纳斯湖蒙上了一层神秘的面纱。

神秘的"湖怪"

传说在神秘的喀纳斯湖边，有一个神秘的图瓦人部落居住在那里。他们的祖先告诫过他们说湖中有"湖怪"，所以他们世代居住却从未有人敢在湖中捕鱼、划船。

难道说，喀纳斯湖里真的有"湖怪"吗？那么，有没有人见到过呢？

据当地一个蒙古族老人说，曾见过一条大红鱼吞食了一头在

湖边吃草的小牛犊。

　　还相传，20世纪70年代的初冬，3个牧民赶着马从结冰的喀纳斯湖面上经过，不料冰冻得不够结实，一群马掉进湖中。又过了几天湖水再次结冰，牧民砸开冰捞上来几匹死马，其他的马却怎么也找不到了。等来年湖水解冻的时候，掉进湖里的马却再也没有出现过。

　　1980年，曾有考察队对喀纳斯湖进行考察，详细去了解"湖怪"的传闻。在沿着湖的浅水地区发现了牛、羊、马等动物的完整骨架，经研究，这些畜生尸骨不是路上的人兽所为。

　　于是，他们撒了600米的大鱼网，试图打捞看水怪是否真的存在。但是第二天不仅没有任何收获，连600米的大网也消失得无影无踪。喀纳斯湖也越发的神秘莫测了。

考察队的发现

1985年为了成立喀纳斯自然保护区，又一次综合的考察中，新疆的一位教授在一天清晨发现平静的湖面上突然涌起巨大的浪花，而后逐渐露出一条巨型的红鱼，很快又沉入水中。考察队员在3天后用一个特大的鱼钩挂上一只大羊腿，用一根2.8米的原木做浮漂想去钓鱼。但是只看到有鱼影游过却并没有咬钩。目测鱼的长度大约有9米左右。

通过反复研究，焦点被推向哲罗鲑。哲罗鲑是一种淡水冷水性肉食性鱼类，体侧银白，背面棕褐色。因为哲罗鲑在繁殖季节皮肤呈红褐色，又称大红鱼。而且它有满嘴锋利的牙齿，且体型

巨大，非常凶猛。

　　然而珍奇的巨型哲罗鲑已经绝迹，人们并没有见到过巨型的哲罗鲑照片或者资料。喀纳斯湖畔失踪的动物也没有证据证明真的是哲罗鲑吞食的。美丽神秘的喀纳斯湖依然吸引着更多的游人。

　　哲罗鲑：大部分时间生活在水流湍急的溪水中，冬季在较深的水体如大江干流、湖泊中越冬，春季向溪流洄游产卵。性凶猛，体型大，身长在1米以上，捕食鱼类及依水生活的蛙类、蛇类等。

在线小知识

世界上最大的珍珠贝

最大的贝类——大珠母贝

走进斑斓璀璨的珠宝世界，将人们的目光吸引过去的便是有着柔和的光泽、迷人的色彩的珍珠。

珍珠饰品雍容而不俗媚，俏丽而不轻浮，典雅中透着庄重，高贵而具东方诗韵。

珍珠是贝类的产物。有很多生活于海洋或淡水中的贝类，如鲍鱼、蚌、贻贝、江珧、砗磲等，其贝壳内外套膜的部分细胞，有分泌角蛋白和碳酸钙的作用，交互重叠形成珍珠质层。

如果受到进入体内的外来物质的刺激，这些分泌物就会不断地把外来物质包裹起来而形成具有光泽的圆珠体，即为珍珠。但是珍珠产量大、质量好的，则是海产的珍珠贝，其中又以大珠母贝所产的珍珠最大，而且色美、质优、光泽迷人。

大珠母贝别名白螺珍珠贝、白碟贝，属于瓣鳃纲异常柱目珍珠贝科，是我国最大的珍珠贝，壳极大，一般为25厘米左右，最大的壳长可达32

厘米，体重4000至5000克。

大珠母贝的习性

大珠母贝是珍珠贝中最大的一种。它的贝壳大而坚厚，呈蝶状，左壳稍隆起，右壳较扁平，前耳稍突起，后耳突消失成圆钝状。

大珠母贝壳面呈棕褐色，壳顶鳞片层紧密，壳后缘鳞片层游离状明显，壳内面具珍珠光泽，珍珠层为银白色，较厚。

其边缘稍呈黄色或黄褐色，铰合部厚，贝壳内面中央稍后处有一明显的闭壳肌痕。

大珠母贝在分类学上隶属于软体动物门、瓣鳃纲、异柱目、珍珠贝科。瓣鳃纲动物都是水生的种类，大部分为海产，全世界共有1.5万多种。

主要特点是身体左右侧扁，左右对称，有从背部向腹面包被身体的左、右各一个外套膜和由这两个外套膜分泌的左、右各一扇瓣状贝壳，所以又叫双壳类。

壳的背缘以韧带相连，两壳之间有一至两个横行的闭壳肌柱；头部因为长期在贝壳里不露出来，便完全退化；没有触角和感官，失去了作用，所以又称为无头类。其锋利的斧足适于挖掘泥沙，使其在泥沙之中生活。

千古罕见的人腿鱼怪

绝无仅有的人腿鱼怪

前不久，渔民们在阿拉伯海的浅水湾中，意外捕捞到一条世界上绝无仅有的人腿鱼怪。当地居民看到这令人毛骨悚然的鱼怪后，疑惑碰上了魔鬼般的不祥之物，便纷纷惊慌地离开现场。

好在来这里观望的一名外地游客带着摄像机，他好奇地拍下这珍贵的镜头。

英国鱼类学家克·卡雷勃认为，毋庸置疑这张照片是真实的，毫无虚假之处，它清晰地反映出鱼怪全貌。

长期以来这种最重要的海洋生物一直被人们视为具有传奇色彩的神话中的鱼怪。19世纪中期，埃·格雷顿爵士首次对这种神奇生物作了详述。

今天，很多科学家认为，鱼怪即便不是神话，也早已从这个世界上销声匿迹了，尽管经常传来消息说，有些目击者亲眼见过这种神奇生物。然而，对科学来说，实在太不走运！迄今为止，连一条真正的鱼怪也没得到。

1993年，在美国加利福尼亚州，一条死鱼怪被海潮冲到海滨浴场的岸边，但遗憾的是，当专家们赶到现场时，这条鱼怪早已腐烂变质得臭不可闻，已无法将其保存下来。

半鱼半人

这张鱼怪照片的摄影者叫伦·多纳秀。他深有感触地说：

"当时现场的围观者很多，我甚至用手亲自去触摸了这条鱼怪，它的人腿还挺结实呢！一点儿也没有腐烂变质。这条大鱼怪只是多长出一双人腿，说它是大腿还不完全是大腿，不过，跟大腿几乎没多大区别。"

当时，伦·多纳秀请求当地老百姓帮忙，准备将其用酒精浸泡进行防腐。

他正要给渔民们扔下一大笔钱，把鱼怪赶快运到附近的任何一所大学。可是，大学在哪儿？往哪儿运呢？正在伦·多纳秀想办法联系科研机构时，却又出现了意外的麻烦。

这时，渔民们死盯住鱼怪不放，他们用迷信的方式对伦·多

纳秀说："据传，这条鱼怪是魔鬼的变种，如不将其放回大海，真主会惩罚这里的渔民的。"

于是，渔民们用一艘小船将这条鱼怪运回大海将其沉入水中，同时，将他们捕捞的其他水产品也全部抛入大海。

当地渔民认为，这条鱼怪不是鱼，而是海妖的侍从。这时，渔民们转身又向摄影者扑去，准备将他手中的摄像机夺走一并投进大海。

恰好，摄像机握在摄影者伦·多纳秀的手里。他趁渔民们不注意一下子溜之乎也，终于摆脱了这些愚昧的渔民，才幸运保存下这张珍贵照片。

在俚话中，"鱼怪"一词的意思是"半鱼半人"或"美人鱼"。科学家把它称作"半鱼半人海洋生物"，即一半是鱼，另

一半是人。

对鱼怪的研究

目前还知道存在美人鱼和半变态水生生物，它们都是怪兽，它们只是上半身器官是人的，下半身器官是动物的，而图上的这种鱼怪却恰恰相反，它的上半身是动物的，而下半身是人的。

这些半鱼半人的海洋生物究竟是怎样繁殖的，眼下还尚不清楚。所以，某些科学认为，半变态水生生物和鱼怪的出现纯属从偶然到偶然的某种海洋生物的偶然变异现象。

值得注意的是，这条鱼怪，与其长的一双人腿紧挨的部位根本不是女人的臀部或人的其他器官，而是一条天生的鱼尾，它的一双人腿看上去几乎很像半鱼半人的海洋生物的生理特征，所以在关于"生物偶然变异现象"的学说中，似乎有过某种论述。

据诸多的目击者介绍，这种半鱼半人鱼怪几乎栖息在所有温带海域里，例如，格雷顿爵士就曾在希腊沿海发现过这种鱼怪。

当然，鱼怪照片是很有说服力的佐证材料，更有助于我们更好地分析和研究这种半鱼半人海洋生物的生理构造和生活习性，但令人遗憾的是，像这种价值连城的鱼怪活标本再也不会落入科学家的手中！

在线小知识

科威特的《火炬报》在1980年8月24日报道：在红海海岸发现了美人鱼。美人鱼的形状上半身如鱼，下半身像女人的形体——跟人一样长着两条腿和10个脚趾。可惜发现时已经死了。

空中怪物

　　空中怪物是空中生存的佼佼者。它们纵横万里，来去自由。对于只能在陆地生存的人类，它们的一切都显得神奇和难解；它们的行为也演变为传奇和传说。

森林里的攻击者

森林中的原始蟒蛇

蟒蛇属无毒蛇类，是当今较原始的蛇种之一，在其肛门两边均有一个小型爪状痕迹，这是其退化后肢的残余痕迹。这种后肢虽然已经不能行走，但都还能自由活动。蟒蛇体色黑，有云状斑纹，背面有一条黄褐斑，两侧各有一条黄色条状纹。现为国家一级重点保护的野生动物。

在蛇类中，蟒蛇是最大的一种，其长度一般在6米左右，最大体重也可达55千克左右。

　　体形粗大且长是蟒蛇的主要特征，其次身上具有腰带和后肢的痕迹。

　　另外，蟒蛇具有成对较发达的肺，较高等的蛇类却只有一个肺或一个退化肺。

　　蟒蛇的体表花纹非常美丽，对称排列成云豹状的大片花斑，斑边周围有黑色或白色斑点。体鳞光滑，背面呈浅黄、灰褐或棕褐色，体后部的斑块很不规则。

　　蟒蛇的头小并且呈黑色，眼下有一黑斑，喉下呈黄白色，其腹鳞无明显分化。蟒蛇的尾巴短而粗，但具有很强的缠绕性和攻击性。

蟒蛇的生活习性

　　蟒蛇因其具有很强的缠绕性，所以常攀缠在树干上，它也擅长游泳。蟒蛇喜热怕冷，最适宜温度为25℃～35℃，20℃时少活动，15℃时开始麻木状态，如气温继续下降到5℃～6℃即死亡，在强烈的阳光下曝晒过久也可死亡。

　　蟒蛇取食在25℃以上，冬眠期4至5个月，春季出蛰后，日出后开始活动。

　　夏季高温时常躲阴凉处，于夜间活动捕食。蟒蛇的攻击性很强，它猎取食物的方式就是用身体将猎物紧紧缠住，直至把猎物缢死，然后从猎获物的头部将其吞入。

　　蟒蛇喜在温热地方生活，常生活在热带雨林和亚热带一些潮湿的森林中，属树栖性或水栖性蛇类。

　　蟒蛇主要以鸟类、鼠类、小哺乳动物及爬行动物和两栖动物

为食，其牙齿尖锐、猎食动作迅速准确，有时也进入村庄农舍捕食家禽和家畜；有时雄蟒也伤害人。

当雌蟒产卵后，有盘伏卵上孵化的习性。此时任何东西最好都不要靠近它，因为生性凶残的雌蟒极容易伤人。

蟒蛇常以小鹿、兔、松鼠等为食，其胃口极大，可以一次吞食一些超过自身体重的动物。

比如广西梧州外贸公司1960年曾收购了一条100千克重的蟒蛇。这条蛇吞食了15千克的家猪。

蟒蛇胃口大，消化力也极强，除猎物的兽毛外，其他皆可消化，但饱食后也可数月不吃食物。

蟒蛇繁殖期短，卵生，其繁殖期为每年4至6月，每年的4月

份出蛰，到6月份开始产卵，每次可产8至30枚，多者也可达百枚。卵呈长椭圆形，每只卵均带有一个"小尾巴"，大小似鸭蛋，每枚重约70至100克，其卵为白色，孵化期60天左右。

这时雌蟒不吃食物，由于体内发热，体温较平时升高几度，这样有利于幼卵的孵化和生长。

在线小知识

世界最大的蟒蛇：印度尼西亚捕获一条长14.85米、重447千克的巨蟒，属东南亚本地物种网纹蟒。到目前为止，这条蟒蛇是迄今为止世界最大的蟒蛇，当地人为这条大蛇取名为"桂花"。

性情凶猛的白头海雕

北美洲特有的大型猛禽

白头海雕，又叫美洲雕，是鸟纲、鹰科下的一个属。白头海雕是北美洲所特有的一种大型猛禽。一只完全成熟的海雕，体长可达一米，翼展两米多长。白头海雕的大小随着年龄、性别和生活区域的不同而变化。但是，由于年轻的雕有较长的尾羽和翅羽，所以未成年雕往往比成年雕的个头还大。

由于雄性白头海雕的头是白色的，所以白头海雕的俗名和学名都是源于此。白头海雕外形美丽、性情凶猛，其嘴、爪都较为锐利而钩曲，而且目光敏锐。在展开双翅，搏击长空，凌空翱翔时，总是那样英姿威武、威风凛凛。

有时候，白头海雕被译为秃鹰。这样就会让人以为，白头海雕像秃鹫一样头上没有羽毛。其实，白头海雕被叫作"秃鹰"是因为白头海雕的头部为白色，并且一直覆盖到颈部，闪闪发光，同身上的羽色形成鲜明的对比，远远望去，总是给人一种没长羽毛的"光秃秃"的感觉，所以俗称为"秃鹰"。由此可见，秃鹰的这种叫法是不科学的，因为它全身羽毛丰满，并无秃可言。

白头海雕是北美洲所特有的一种大型猛禽。它和大部分食肉猛禽一样，雌雕要比雄雕个头大。其中的原因有许多种可能。有些生物学家认为，雌雕的大个头能让它们更好地守护自己的巢、蛋和小雕。个头较小的雄雕翱翔起来更为轻松。一般来讲，雌白

头海雕的翼展长达2.3米，雄白头海雕的翼展却仅有1.8米。白头雕的这种外形更能守护好自己的地盘。

未成年的白头海雕全身是深棕色的羽毛；4至6岁成年后，白头海雕的眼、虹膜、嘴和脚为淡黄色，头、颈和尾部的羽毛为白色，身体其他部位的羽毛为暗褐色，十分雄壮美丽。

一只完全成熟的白头海雕，体长71厘米至96厘米，翼展168厘米至244厘米，重量3000克至6300克。白头海雕的平均寿命为15年至20年，被豢养的有可能活到50岁左右。

白头海雕分布在北美洲的加拿大、美国本土和北墨西哥。白头雕是北美洲唯一的海鹰。白头海雕居住在北美洲多沼泽的支流、路易斯安那以及东部落叶林、魁北克和新英格兰。北部的白头海雕属候鸟，而南部的白头海雕为留鸟。白头海雕早先养殖在北美洲中部。但是，白头海雕的最低数量主要限于阿拉斯加、阿

留申群岛北部和东加拿大和佛罗里达。此外，白头海雕的亚种也分布于北美洲的各地区。

白头海雕的生活习性

白头海雕是一种凶猛的捕杀动物。它们具有利爪和撕裂动物用的钩嘴，鸟类学家授予它们猛禽的称谓。白头海雕像其它大多数猛禽一样，是日间捕食性鸟类，常成对出猎，凭其异常敏锐的视力，即使在高空飞翔，也能洞察到地面、水中和树上的一切猎物。

白头海雕以鱼类为主食。所以，它们常栖息于河流、湖泊或海洋的沿岸。在美国阿拉斯加州海纳斯附近的奇卡特河区域，在每年11月份鲑鱼洄游时期，仅仅10多千米长的河岸，竟能吸引三四千只白头海雕。由于白头海雕的到来，也给当地旅游业带来一笔可观的经济效益。

白头海雕主要以大马哈鱼、鳟鱼等大型鱼类为食。此外，白

头海雕也吃海鸥、野鸭等水鸟和生活在水边的小型哺乳动物。白头海雕的飞行能力极强，在飞行的时候，还常发出类似海鸥的叫声。它们的视力比人类的眼睛要锐利很多倍，尤其是对移动物体的反应视力更是出类拔萃。

白头海雕常常凌空盘旋，放眼四野，明察秋毫，动作敏捷，狡兔纵有三窟也难以逃脱它的利爪。此外，白头海雕还能在水面上抓起几十千克重的大鱼。

通常情况下，白头海雕都是成双成对的活动，合力追逐捕捉受伤的或瘦弱的水鸟。白头海雕偶尔会进攻那些在飞行中的天鹅，也会把浮在水面上的大鱼拖到岸边。

在捕食的时候，白头海雕一边在水面盘旋，一边用其锐利的目光搜索贴近水面游动的鱼类。一旦发现目标，便急速俯冲下来抓获。

如果鱼比较小，它们就会用锐利的爪子一下抓到鱼背腾空而起；如果碰到大鱼抓不起来时，就会被大鱼拉入水中。因此，当经过奋力拼搏实在不能获取猎物时，白头海雕就会放开大鱼，重新飞上天空。

白头海雕的生长繁殖

白头海雕彼此之间的交往是由一年中的不同时间而定。一般情况下，春季和夏季，成年白头海雕忙于筑巢。为了便于捕鱼，白头海雕往往会将巢筑于河流、湖泊或海洋沿岸的大树上，年复一年地使用和修建同一个巢。

在这期间，准备繁殖配对的白头海雕都会坚守着自己的地

盘。它们很少和其他白头海雕接触，除非是为了赶走入侵者。那些年龄太小、还不能交配的白头海雕会在暖和的月份里东寻西探，了解周围的环境，努力地生存下来。在冬季迁徙的时候，白头海雕彼此会交往得多一些，它们常常聚集在一个丰富的食物源周围。对此，生物学家认为，白头海雕的这种冬季聚居能够为年轻的成年白头海雕提供一个可能与配偶相遇的场所。

白头海雕实行终生配偶制。到了繁殖季节，白头海雕就会成群地集中到一些食物比较丰富的地区，将巢筑于悬崖峭壁上，或者参天大树的顶梢上。

筑巢的材料主要是树枝，里面也铺垫一些鸟羽和兽毛。白头海雕和其它鹰类一样，也喜欢利用旧巢，并且在繁殖期间不断地进行修补，使巢变得越来越庞大。一般来说，白头海雕的巢直径可达2.8米，厚可达6米，重量可达2000千克。

雌白头海雕一般在每个的11月上旬产卵。但是，有的早些，有的晚些，时间可以相差几个月。每窝产卵两枚，孵化期为一个月左右，第一只雏鸟和第二只雏鸟出壳的日期可以相差好几天。在雏鸟出壳后，一般需要经过4个月才能育成幼鸟。

雏鸟由雄鸟和雌鸟共同觅食抚育，通常都是喂给它们小鱼或小型哺乳动物，在喂给雏鸟之前要先撕成碎片。随着雏鸟不断长大，饲喂的食物块也越来越大，最后便将整个的食物放在巢中，任其啄食。

在育雏晚期，白头海雕每次喂给小白头海雕的食物数量更多了，但是喂的次数却逐渐减少。

白头海雕的生存竞争

幼雕的体形与成年相差不多，体重甚至会超过成年。幼鸟全身的羽毛都是栗褐色，头部和尾部都没有白色的羽毛。幼鸟在大鸟的诱导下，开始练习用双脚捕捉猎物或抓取巢材。在练习过程中，幼鸟的肌肉力量不断增强，体重也有所下降。3个月后，幼雕便可以离开巢穴独立生活。幼鸟羽毛的颜色变化十分缓慢，一般需要5年左右，才能变成成鸟的羽色。

一般鸟类在孵化期间是不产卵的，但白头雕却与众不同。雌鸟在产下第一枚卵后就开始孵化，在孵化初期还会再产第二枚卵。这样雏鸟出壳的日期先后可以相差几天，因此先出壳的雏鸟往往比后出壳雏鸟大许多。

美国国鸟：白头海雕因为体态威武雄健，又是北美洲的特产物种。因此在独立之后不久的1782年6月20日，美国总统克拉克和美国国会通过决议立法，选定白头海雕为美国国鸟。

在线小知识

利爪凶猛的金雕

墨西哥的国鸟

金雕，鹰科类的一种乌褐色雕，是北半球上众所周知的一种猛禽。

金雕以其突出的外观和敏捷有力的飞行而著名；成鸟的翼展平均超过两米，体长则可达一米，其腿爪上全部都有羽毛覆盖。它们一般生活于多山或丘陵地区，它们经常在山谷的峭壁以及山壁凸出处筑巢。

金雕是墨西哥的国鸟。它们的颈羽是金黄色矛尖状，眼暗色，虹膜黄色，嘴灰色，腿生满羽毛，脚粗大，爪巨大，呈黄色。翅展长达2.3米。在北美洲，金雕分布在沿太平洋岸的墨西哥中部，穿过落基山脉向北直至阿拉斯加和纽芬兰。金雕在美国得到联邦法令保护。

少数能繁殖的金雕，仍生存在欧洲的挪威、苏格兰、西班牙、阿尔卑斯山、意大利和巴尔干半岛等地区。非洲西北部也可见，但高纬度地区更常见。另外，在西伯利亚、伊朗、巴基斯坦以及中国的北部等地区也有分布。

金雕的外形特征

金雕属于漂移鸟类，主要栖息于山地森林，秋冬季节也常到林缘、沼泽、低山丘陵、荒坡地带活动觅食。它们主要捕食野兔、旱獭、雉鸡、雁鸭类等。有时它们不仅会攻击小狍和小野猪

等小动物，还会吃大型动物的尸体。金雕的种群数量日趋稀少，属于濒危的国家一级重点保护动物。

　　体羽主要为栗褐色的金雕，属于大型猛禽。它们的全长约76至102厘米，展翅可达2.3米左右，体重约为2000至6500克。金雕的幼鸟，头部及颈部羽毛呈黄棕色；除初级飞羽最外侧的3枚外，所有飞羽的基部均带有白色斑块；尾羽灰白色，先端黑褐。长成后的金雕，翅和尾部羽毛均不带白色；爪为黄色；头顶的羽毛呈金褐色，嘴为黑褐色。

　　金雕的嘴大而强劲有力，后颈赤褐色，肩羽为较淡赤褐色，尾上覆羽尖端暗褐，羽基为暗褐色，尾羽先端1/4为黑色，其余为灰褐。飞羽内基部的一半为灰色，而且有不规则的黑横斑。

金雕是一种留鸟，一般在草原、荒漠、河谷、高山针叶林等地都可以见到金雕的身影。它们的分布遍及欧亚大陆、日本、北美洲和非洲北部等地。

我国的金雕大部分分布在东北、华北及中西部山区，安徽、江苏、浙江等地也有少量的分布。金雕全世界共分化为5个亚种，我国有两个亚种，有一些可能是旅鸟或冬候鸟，其中分布于内蒙古东北部、黑龙江、吉林、辽宁等地的属于加拿大亚种，分布于其他地区的都属于中亚亚种。

金雕的性情凶猛而且力量强大，它们的飞行速度极快，常沿着直线或圈状滑翔于高空。金雕主要捕食大型鸟类和中小型兽类，所食鸟类有斑头雁、鱼鸥、雪鸡等，兽类有岩羊幼仔、藏原羚、鼠兔、兔、黄鼬、藏狐等，有时也捕食家畜和家禽。

金雕是珍贵猛禽，在高寒草原生态系统中具有十分重要的位置。金雕之所以需要特别的保护，不仅因为它的数量特别少，还因为他的羽毛在国际市场上的价位相当的高。

金雕的捕猎方法

金雕的腿上被羽毛完全地覆盖，脚趾有三个向前一个向后，脚趾上都长着又粗又长的角质利爪，内脚趾和后脚趾上

的爪子更为锐利。抓获猎物时，它的爪子能够像利刃一样同时刺进猎物的要害部位，撕裂皮肉，扯破血管，甚至扭断猎物的脖子。巨大的翅膀也可作为它的武器，有时金雕一扇翅膀就能将猎物扑倒在地。

金雕一般都会单独或成对的活动，结成较小的群体出去活动也只能在冬天偶尔见到，但有时也能见到一大群聚集在一起捕捉较大型的猎物。

白天常见在高山岩石峭壁之巅，以及空旷地区的高大树上歇息，或在荒山坡、墓地、灌丛等处捕食。它善于翱翔和滑翔，常在高空中一边呈直线或圆圈状盘旋，一边俯视地面寻找猎物，它们对飞行的方向、高度、速度和姿势的调节是用柔软而灵活的两翼和尾的变化来控制的。

金雕一旦发现目标后，就会以300千米的时速从天而降，并能在关键时刻戛然止住扇动的翅膀，然后牢牢地抓住猎物的头部，将利爪戳进猎物的头骨，使其立即丧失性命。

经过训练的金雕，可以在草原上长距离地追逐狼，并能趁其不备，一爪抓住其脖颈，一爪抓住其眼睛，使狼丧失反抗的能力，曾经有过一只金雕前后抓住14只狼的记录。相比之下，它的运载能力较差，负重能力还不到1000克。金雕将捕到的较大猎物肢解，先吃掉鲜肉和心、肝、肺等内脏部分，然后将剩下的分批带回栖息地。

被人类训练有素的金雕不仅会帮主人狩猎，还会帮主人看护羊圈。它们驱赶野狼在新疆的草原上是司空见惯的。在看护养圈

的时候，周围是没有牧人的！在世界各地的动物园里，没有成功的人工繁殖过一只金雕，因为它们向往的是自由与爱情，对于人工配对极为抵触，有的性格刚烈的金雕甚至会以撞笼而死来相抗。

金雕的生长繁殖

金雕的繁殖期在2至3月间，多营巢于难以攀登的悬崖峭壁的大树上，每窝产卵一至两枚，青白色，带有大小不等的深赤褐色斑纹。同一窝的卵的颜色也不同，有完全白色到褐色块斑的变化。金雕的卵是由父母共同孵出的，孵化期为40至45天，一般只有一两只能够存活。雏鸟的羽毛会在3个月大的时候长齐。

金雕一般会在距地面高约10至20米左右的针叶林、针阔混交林或疏林内高大的红松、落叶松、杨树及柞树等乔木之上筑巢。有时也筑巢于山区悬崖峭壁、凹处石沿、侵蚀裂缝、浅洞等处，巢的上方多有突起的岩石可以遮雨，大多数背风向阳，位置险峻，难以攀登接近。

它们的巢由枯树枝堆积成结构庞大的盘状，外径约2米，高约1.5米，巢内铺垫细枝、针叶、草茎、毛皮相对较软的物品。有时还要筑一些备用的巢，以防万一，最多的竟有12个之多。它

也有利用旧巢的习惯，每年使用前要进行修补，有的巢可以沿用好多年，因此巢也变得越来越大，有的巢已经大到和人类的房子差不多了。当然它们的巢的大小也要看树的承受能力，否则也会出现倒塌。

如果巢中食物不足时，先孵出的幼鸟常常会向后孵出来的幼鸟发出攻击，并会啄下幼鸟的羽毛将其吞食。如果缺食的时间不长，较小的幼鸟有避让能力，尚不至于出现惨不忍睹的场景。如果亲鸟在达到大幼鸟忍耐极限之前还不能带回食物，就会出现骨肉相残的场面。

较大的幼鸟就会把较小的幼鸟啄得浑身是血，甚至啄死吃掉。这种现象多发生在幼鸟20日龄之后，因为20日龄以前，常有亲鸟在巢中守护。这种同胞骨肉自相残害的现象，在大型猛禽的幼鸟中并不罕见，这也是它们依照优胜劣汰、适者生存的自然法则进行的种内自我调节。

因为猛禽的食物来源往往呈周期性波动，它们的捕食并非人们想象中的那么容易。当食物短缺时，如果不进行种内的调节，将对于整个种的生存和发展十分不利。它们就是通过这种种内调节、强食弱肉、适者生存的原则来更好地繁衍下一代。

勇猛威武的金雕：金雕素以勇猛威武著称。古代巴比伦王国和罗马帝国都曾以金雕作为王权的象征。在我国忽必烈时代，强悍的蒙古猎人盛行驯养金雕捕狼。

在线小知识

鸟中"清道夫"

安第斯神鹫

在广阔的非洲大草原上，大群的食草动物不论走到哪里，都尾随着一些垂涎欲滴的动物。在这些觊觎者中，秃鹫随时可见，它们紧追目标，不停地在兽群上空盘旋。

突然，其中一只秃鹫发现一具尸体，它在空中盘旋几圈后，准确地落在尸体旁边，刹那，二三十只秃鹫相继降落，于是，尸体被撕裂，内脏被吞食，肌肉被成条地撕下。

在南美安第斯山脉，安第斯神鹫正遨游碧空、俯视丘陵，期望能遇到一只死羊以饱饥肠。

从外表看，安第斯神鹫跟非洲草原上的秃鹫非常相似：头和脖子都只生着短短的绒羽，仿佛是裸露的。

但是，鸟类学家指出，它们并无共同的祖先，也没有亲缘关系。非洲草原上的秃鹫是旧大陆鹫的后裔，是鹰的近亲。而安第斯神鹫是新大陆鹫。

秃鹫的种类

大约在2000万年前，旧大陆鹫曾驻足美洲新大陆。后来，由于某种目前尚未确知的原因，它们彻底从新大陆上消失了。随着旧大陆鹫的消失，新大陆鹫的祖先兴起了，成了新大陆上以尸体、腐肉为食的鸟类。

据研究，新大陆鹫的祖先在生存历史上较旧大陆鹫还要久

远，它们是单独进化的一类鹰鹫类鸟。

跟旧大陆鹫不同，新大陆鹫的鼻孔是相通的，有些种类有根发达的嗅觉器官；新大陆鹫的爪很细弱，不像旧大陆鹫有雕一样强劲的利爪。

另外，新大陆鹫的鸣管很不发达，因而近乎"哑巴"。现存的新大陆鹫只有7种，因为它们全部分布在美洲，所以又称美洲鹫，安第斯神鹰就是其中之一。这种鹫体羽黑色，雄鹫前额有一个大肉垂，裸露的颈基部有一圈白色的羽领，裸露的头、颈和嗉囊都呈鲜红色，因它们主要栖息在安第斯山脉中温尼佐拉至苔拉德福格的高山上，又因它们展翼达3米，体重达1.2千克，被认为是可飞行的最大的一种鸟，所以，人们称它们为"安第斯神鹰"。

安第斯神鹰善于翱翔，能借助山间的上升气流升高，并悄无声息地飞越沟壑大川。它们可以以任何动物的尸体为食，尤其爱吃牛羊的尸体。跟许多旧大陆鹫不同，安第斯神鹰很少聚成几十只的大群一起进食。

安第斯神鹰十分贪食，不吃完尸体是绝不会离去的。安第斯

神鹰常常在吃食后飞到高高的悬崖上久"坐"，因为它们吃得太多太饱。不过，它们的消化系统肌肉发达，消化力强，即使所食过多也能顺利消化。目前，因为得到了严格的法律保护，安第斯神鹰在安第斯山区和南美太平洋沿岸比较常见。

旧大陆鹫大约有13种，广泛分布于非洲、亚洲和欧洲，肉垂秃鹫就是其中一种。

肉垂秃鹫是生活在非洲荒漠草原上的一种数量非常多的大型旧大陆鹫，它体长约1米，展翼可达2.7米，它因裸露的头部两侧悬垂着粉色肉垂而得名。

肉垂秃鹫背部羽毛黑色和褐色间杂，尾楔型，腹部长有大量白色绒羽，使它们看上去像一个领系餐巾、衣衫不整的嬉皮士。说起它们的行为，人们常用两个字形容——"贪婪"。

原来，肉垂秃鹫非常霸道，不论是不是它们先发现的尸体，在争斗中它们总是占上风。

如果其他秃鹫不肯让出尸体，它们就会用武力驱赶。肉垂秃鹫取食时也有严格的顺序，总是个体大、身体强的秃鹫先进食。

进食时，它们原来粉红色的脸和颈因兴奋会渐渐变成红色，极度兴奋时甚至可以变成紫红色。

可笑的是，霸道的肉垂秃鹫在鬣狗来夺食时，却不敢出声地乖乖退到一旁等待着吃一点"残羹剩饭"。

中国的胡兀鹫

在我国生活的最著名的鹫是胡兀鹫，即人们常说的胡子雕。它的头颈不像其他秃鹫，而是生满羽毛。它的眼前方、眼前上

方、鼻子基部及颏和下颌相连的地方都长着黑色刚毛，看上去像长着一脸"络腮胡须"，胡子雕的绰号由此而来。跟其他秃鹫相比，胡兀鹫不仅食尸体腐肉，而且还捕食活物，特别是山羊。它们也捕食野兔、野鸡和旱獭等。

它们不但吃肉，还嗜食骨头。它们能咬碎羊骨，并能把咬不动的骨头叼上天空，然后一松嘴，让骨头掉在岩石上摔碎后再食用。据说，胡兀鹫能用同样的方法将捕到的龟摔碎吃掉。在非洲，胡兀鹫还会叼起石头砸碎鸵鸟蛋吃，这种本能令动物行为学家大为吃惊。

在人们的印象中，秃鹫似乎只吃肉，不论鲜肉还是腐肉，殊不知，生活在中非和西非的一种旧大陆鹫——棕榈鹫却主要以棕果实为食。不过，它的外表倒是跟大多数秃鹫相似，它头部裸露，裸露的部分只生有橘黄色的绒羽，同它的黄色的钩状嘴十分协调。

    过去人们对秃鹫的功过褒贬不一。以前，很多人认为秃鹫常食腐尸，跟肉体接触，很可能是传播疾病的媒介，因而主张捕杀。动物学家后来发现，事实并不如此。

    首先，它们的消化系统能有效地杀死吃进去的细菌。其次，它们在吃完食后，常吐出一种黏液状物质涂刷双脚。这种分泌物是一种有效的消毒剂，能杀死脚爪上的细菌。第三，秃鹫的头颈裸露，有利于它们把头伸入尸体体腔，掏食内脏。它们吃完食后，喜欢在阳光下晒。

    由于头颈没有羽毛的遮拦，在阳光中紫外线的强烈照射下，沾在头颈上的细菌和寄生虫卵就会被杀死。

    实际上，秃鹫吃掉死动物的尸体，不仅没有传播疾病，还能减少动物疾病的传播。如果没有这些起净化作用的鸟类，自然界将会是怎样一种情景呢？

    秃鹫不像那些懦弱的家燕，经常躲在屋檐下，在无人的角落

里安逸地休养，然后慢慢地被人类磨去对生活的渴求。

真正的勇士

秃鹫是一名真正的勇士。它骄傲地走出角落，就像荷马笔下的阿喀琉斯，在太阳下树起一面刻着名字的旗帜！从此，它将以巨人的想象与天下的雄奇与傲物一争高低，即使被雨打风吹，跌落在石砾或草丛中！

它知道，在无垠的戈壁面对孤独的呼唤，远不如在一场暴风雨中放歌那样动人，只有在烈日长空下扑打着翅膀时，才会体验到慷慨激昂的选择有多么艰难；只有在独自舔舐伤口的时候，才能体会生命不会在温馨中长大，卓越只能在磨难中挺拔的道理！

站在岸边眺望到的只是朦胧，迎着风浪击水才会走进彼岸的风景，奋不顾身地去找出路，虽有苦涩也会感到壮烈！

心中的遗憾太灰暗时，走过去，尽管面对的依然坎坷，但拥有的晴朗便会实实在在！脚下是沼泽，走过去，尽管远方依然凄迷，但铸就的信念却是硬硬朗朗！

前方永远是个未知数，只有走过去，才会有新天地！这，也许就是秃鹫的潇洒吧。

在线小知识

雄秃鹫每天辛辛苦苦地四处觅食，一回到家里，马上把吞下去的食物统统吐出，先给雌鸟吃较大的肉块，然后再给幼鸟喂碎肉浆。秃鹫的胃口很大，但带回的食物每次都被儿女吃得精光。

蝙蝠孩之谜

靠捕食昆虫为生的蝙蝠孩

考察研究人员在美国一些地方的野外丛林中发现一种罕见古怪的神秘生物，它很像一个长着一副蝙蝠翅膀的幼童，因此，科学家们称它"蝙蝠孩"。这种蝙蝠孩靠捕食昆虫为生。

1992年，研究人员捕获的一个蝙蝠孩突然从美国弗吉尼亚州东部夏洛特小城的一个研究室里偷偷跑了出来，现在它又再次被抓了回去。

从事蝙蝠孩研究的美国科学家激动不已地说："我们终将揭开蝙蝠孩这种神秘生物的起源之谜。"

一些目击者向联邦调查局报告说，他们在弗吉尼亚州东部小城洛特郊区的丛林中发现一个蝙蝠孩——从那时起整整过去了两个半月，联邦调查局特工人员再次将它逮获关进一个小木屋。

一个叫鲁·温塞尔的游客亲眼目睹一场围捕蝙蝠孩的惊心动魄的场面：

那个蝙蝠孩性情凶猛，像猛兽一样穷凶极恶地张着血盆大口，露出一口利齿。它当场咬伤两名特工人员的手指，还咬断另一个特工人员的一个手指。

蝙蝠孩身高约1.2米，体重约18千克，长着一副尖尖的大耳朵，还有一双闪闪发出黄光的豹子一样的大眼睛，后背上还长着一副宽大的蝙蝠一样翅膀。

联邦调查局的特工人员给它打上一针镇静剂才终于使它安静下来。不久，特工人员又把这个蝙蝠孩送到它1992年9月逃离的那个秘密实验室。

十分关切蝙蝠孩研究的美国著名动物学家伦·基隆博士说："这次，我们一定要采取十分谨慎的安全措施，防止蝙蝠孩再度从我们的鼻子底下溜走。5年前，我在研究山区洞穴动物群落时首次发现这种大眼睛蝙蝠孩。"

无疾而终的研究

当时，科学家们疑惑不解地推断，这种长着尖耳朵的神秘生

物可能是在蝙蝠中长大的人的婴儿，或者是另外一类独特物种，该物种是在史前时代从人演化的曲折路径中分化出来的。就在研究人员正要对这一神秘生物的研究下结论的前夕，那个蝙蝠孩突然扯开沉重的金属门栓跑掉了。

另一位动物学家回忆说："这个蝙蝠孩力大无穷，它扯掉金属门锁就像扯掉一把塑料门锁一样不费吹灰之力。这对它来说恰恰是一件十分危险的事。"

在从波士顿到贝克斯菲尔德的各个地方，有许多目击者几百次看到过这个机敏的"逃亡者"。另外，有几十名市民目击者惊异地讲述他们是怎样遇见这种蝙蝠孩的经过。

接连不断的袭击事件

1996年，在佛罗里达州，一名6岁女孩走进她家的小车库，并在那里发现了躲在里面的蝙蝠孩。蝙蝠孩突然向她发起攻击，咬伤了她的一只手。

1997年初，在马萨诸塞州，不知从哪儿钻出一个蝙蝠孩，它从一位44岁的男子身上咬掉一块肉。

自1997年8月起，研究人员就不断接到来自夏洛特市区目击者的报告。于是，研究人员同联邦调查局的特工人员将围捕蝙蝠孩的包围圈缩小到夏洛特地区。其后不久，那个叫温塞尔的旅游者在河岸上搭起帐篷。

不久，他向联邦调查局报告说："我在河岸附近曾遇见过一个长有满口利齿和一双疯狂大眼睛的生物，它还长着一副奇怪的翅膀。此外，我还听到了它的惊叫声。"

于是，联邦调查局特工人员、警察和研究人员根据目击者温塞尔提供的线索，终于找到了那个"逃亡的"蝙蝠孩。

后来，基隆博士向人们说："联邦调查局的特工人员站在他们本职工作的角度认为，这种凶猛的神秘生物非杀不可。万幸的是蝙蝠孩丝毫没有受到伤害，从而保证了对这种生物的全面研究。"

现在，美国动物学家们已将这种凶猛的神秘生物捕获许久，然而，通过长期观察和大量研究，终将揭开蝙蝠孩这一神秘生物之谜。

蝙蝠是唯一真正能够飞翔的兽类，它们中的多数具有敏锐的回声定位系统。大多数蝙蝠以昆虫为食。因为蝙蝠捕食大量昆虫，故在昆虫繁殖的平衡中起重要作用，甚至可能有助于控制害虫。

在线小知识

1997年初，在马萨诸塞州，不知从哪儿钻出一个蝙蝠孩，它从一位44岁的男子身上咬掉一块肉。

自1997年8月起，研究人员就不断接到来自夏洛特市区目击者的报告。于是，研究人员同联邦调查局的特工人员将围捕蝙蝠孩的包围圈缩小到夏洛特地区。其后不久，那个叫温塞尔的旅游者在河岸上搭起帐篷。

不久，他向联邦调查局报告说："我在河岸附近曾遇见过一个长有满口利齿和一双疯狂大眼睛的生物，它还长着一副奇怪的翅膀。此外，我还听到了它的惊叫声。"

于是，联邦调查局特工人员、警察和研究人员根据目击者温塞尔提供的线索，终于找到了那个"逃亡的"蝙蝠孩。

后来，基隆博士向人们说："联邦调查局的特工人员站在他们本职工作的角度认为，这种凶猛的神秘生物非杀不可。万幸的是蝙蝠孩丝毫没有受到伤害，从而保证了对这种生物的全面研究。"

现在，美国动物学家们已将这种凶猛的神秘生物捕获许久，然而，通过长期观察和大量研究，终将揭开蝙蝠孩这一神秘生物之谜。

蝙蝠是唯一真正能够飞翔的兽类，它们中的多数具有敏锐的回声定位系统。大多数蝙蝠以昆虫为食。因为蝙蝠捕食大量昆虫，故在昆虫繁殖的平衡中起重要作用，甚至可能有助于控制害虫。

在线小知识

97

吸食人脑的城堡

令人胆战心惊的人间地狱

在印度的塔尔沙漠腹地，有一座弃掉的城。相传它是古代一位印度国王的一座沙漠行宫。由于它处在沙漠中的一个交通要道上，所以成了过往商人落脚之地。

然而不知从何时起，这座城堡竟成了一提起来就让过往商客胆战心惊的人间地狱。因为凡是在这个城堡中留宿的人畜，都没有谁能活着出来。

警察对此城堡进行了几个月的监视调查，而且还让几个警察到城堡里埋伏。那天，埋伏在外面的警察在深夜时分听见城堡里面几声惨叫，等他们跑到城堡里去的时候，只见里面直挺挺地躺着3具警察的尸体，却丝毫不见凶手的影子，看不出这几个警察有丝毫受伤的样子。

城堡里闹鬼，是魔鬼杀害了警察和以前的人们。警察们决定收队，并在城堡的外边插了一块木板，上面用大字写着："过往行人请不要在此留宿。"

但还是有很多大胆的人住了进去，凶杀案也就不断地发生。几年以后，著名的探险家乔治也路过此地，一听说这儿有个著名的凶恶城堡，他就来劲了。

乔治不顾人们的劝阻，毅然住进了城堡。

城堡里黑幽幽的，不时地燃起一点点磷火，照出地下那森森

白骨，大冒险家也不禁升起一丝恐惧。但是勇敢的乔治还是决定留下。

夜死一般沉寂，乔治和自己的马匹碰上了什么，谁也无法知道，只是第二天没有发现他走出城堡。

当警察们进去看时，才发现他和马匹躺在一堆白骨上，身上爬满了巨大的沙蚁。

"老乞丐"智抓凶手

一天，一个老乞丐来到警察局，声称要见局长。局长亲自接见了他。

他声称自己能协助他们破案，但是他让警察局长给他准备3样东西：一只猴子，一个铁箱子，一张很密的网。

局长满足了他的要求，并在晚上亲自用马车把老乞丐送到古堡前。老乞丐谢过局长之后，带上自己所要的东西，一个人走进了城堡。

老乞丐踏着满地白骨，专门来到乔治住的那个房间。然后他就往猴子身上注射了一些麻醉剂，又把猴子放进渔网中，自己却钻进铁箱子里躲了起来。

　　从铁箱子的小孔中用手拖着渔网，静静地等待着"魔鬼"的出现。

　　当晚天气晴朗，月光透过古堡的窗户，照了进来。老乞丐对外面的事物看得一清二楚。

　　他克服不断袭来的困意，看着网中一动不动的猴子，这时候，猴子也渐渐苏醒了过来，它似乎不习惯自己的新住处，在渔网中"吱吱"地叫着。

　　就在这时，只见从古堡的角落里飞出一团黑乎乎的怪物，朝着网中的猴子扑了过去，只听猴子一声惨叫便死了过去。

　　老乞丐一看时机到了，就猛地一拉手中的网绳，这时只听"扑棱"一声，飞向猴子的怪物被扣在网里了。

　　天亮的时候，老乞丐背着铁箱，手中提着渔网走出城堡。警察们赶忙上前去看。

　　老乞丐把手一扬，告诉警察们自己已经把凶手给抓住了。警

察低头一看，只见网中有一只像蝙蝠一样的小动物。

揭开凶手的秘密

局长这时看着老乞丐，说："你绝对不是一个乞丐。"

老乞丐这才告诉他们，自己是英国剑桥大学的一个生物学教授，是探险家乔治的好朋友，所以当他听说乔治死于古堡中的神秘杀手时，便判断可能是自己研究了几年的奇怪的红蝙蝠。

他把自己手中的小动物拿给周围的人看。告诉他们就是这种蝙蝠杀害了过路的客商和乔治。

红蝙蝠长着钢针一样的嘴，能迅速地把嘴插入人的头脑中，吸食人的脑汁，使人迅速死亡，而留下轻易发觉不了的痕迹。接着他就拨开猴子头部的毛给警察们看。他们果然在猴子的头部发现一个小红点。

红蝙蝠：又称吸血蝠，是名副其实的以血为食的类群，它们每晚定时觅食，经常降落于牛、马、鹿、人等身上，利用其上门齿和犬齿，能切开几毫米厚的皮肤，用舌舔食流出的血液。

在线小知识

奇人怪物

你听说过专吃新娘的马路吗？你知道能预言天下事的人吗？天下怪物千奇百怪。怪物演绎着怪事，怪事里隐藏着怪物，令人眼花缭乱，目不暇接。

怪异的人类

女童赤足滑水

姬丝图4岁就成为赤脚滑水的好手，一年前她3岁的时候就能脱去滑水板以每小时40多千米的高速赤脚在水上滑行。她的成绩得到了美国滑水协会的承认，在1988年至1989年的健力士世界纪录大全里，她被列为最年轻的赤脚滑水选手。

不过这位高约1米，体重仅36磅的美国小精灵似乎并不关心什么是世界纪录。

她只知道自己是出色的滑水好手。当有人问她："你与父亲哪个滑水滑得较好？"

她总是说："我，因为我是世界上最棒的。"

事实上她的赤脚滑水技术已经出神入化，有5家公司赞助她的表演。但姬丝图的纪录可能会被她的弟弟佐顿打破。3岁的佐顿已能在水上滑行，他不断要求尝试赤脚滑水，不过他似乎缺乏姬丝图的天才和运气。

姬丝图的名字已遍及世界各地，就连远在德国的电视台也派人来访问她。

扬名的爵士歌手

艾美莉·夏特多年仅7岁，就已成为一个有名的爵士歌手。这个女孩的公开演唱经验很丰富，先后在美国三大电视台亮相高歌。她不仅在国内的著名爵士乐盛会上亮相，而且在远在海外的爵士音乐节上，也多次献艺。

爵士乐讲求的是实力。艾美莉生来便有宽厚的声量，唱歌时感情投入，并能够掌握准确的韵律。现在她已拥有30首自己的歌曲，而且还能把普通的歌曲加以编排，使它们带有爵士乐的味道。

艾美莉生长在一个音乐家庭。她的父亲是个音乐家，母亲原来也是一名歌手。不过她的父母并没有特别指导她如何唱歌。到了两岁，待她唱出了"夏天的时候"时，父母才发现她的天赋，于是开始特别培养她，7岁的艾美莉现已赚了一大笔钱。

男童获得双学位

居住在美国阿拉巴马州的米高·卡尔尼是个早产儿。当时，医生曾预测他可能智力低弱，但事实证明他才智超人：卡尔尼3岁就已懂得代数，6岁便高中毕业，8岁就全部修完初级学院课

程，获地质学学士学位，并且考入南阿拉巴马州大学攻读人类学，10岁就学完4年大学课程，获荣誉毕业证书。

有关专家说，这个身高只有1.4米的天才男童智商竟高达200，但他的童稚之心却与其他孩子没有什么区别。

女神童就读医学院

美国休斯敦东北部的克罗斯比镇有个名叫克丽丝汀的女神童，11岁就已经在医学院攻读护理系课程。

克丽丝汀的智商高达164，未满周岁时她就能说出完整的句子。4岁那年，她和父亲一起去挪威度了个夏天，回来后就能讲一口流利的挪威话。

克丽丝汀每天上床睡觉之前，以浏览《医生手册》作为消遣。这本著作里面满是各种药名。她说："我很喜欢看这本书。我很爱记各种药名和用药注意事项。"

克丽丝汀的书包外面印着一群可爱的小猫，里面装的却是大学的化学和生物学课本。

克丽丝汀的同学、36岁的沙伦·斯维塞克说："她总是很快就能回答问题，而我们却连翻书还来不及呢！"

女孩翻译20余万字作品

陈漪伊是浙江省杭州师范学院附中初三年级13岁的女学生。由于勤奋苦学，埋头笔耕，已翻译完成两部著作，共计20余万字，因此受到出版界的注意。

这位女学生从小喜爱文学。在小学五年级时就跟在杭州师院外语系任教的父亲陈浩学日语。1987年4月，陈漪伊得到一本日

文的法国作家鲁勃郎的名著《奇岩城》后，便爱不释手，立志要把它翻译出来。经过10个月的努力，终于在1988年2月底把这部长篇小说翻译完，并发表在江西省文联主编的《花径》杂志上。另一家出版社请了专家对陈漪伊进行笔试、口试、交谈等全面考察，确认这部译作是她独立完成的。

陈漪伊翻译的另一部日文作品《镜中恶魔》也已脱稿。她接着又在翻译一套少年丛书。

能听懂动物语言的神童

居住在巴西普拉塔利斯小镇上的"神童"弗朗西斯科能和许多种动物"交谈"，如毒蛇、蜥蜴、蜘蛛、蜈蚣、螳螂、蜜蜂等。这个神童每天只吃一顿饭。

弗朗西斯科的家里开了一个野生动物饲养场，养了许多野生动物。他的父亲和兄弟进入动物领地时都小心翼翼，并且身上还带着急救药，而小弗朗西斯科给动物喂食或打扫卫生时，动物们对他都十分"亲切"。

他自己说和这些动物在一起时心里非常舒畅。他可以让眼镜蛇

舔他的眼睛，叫毒蜘蛛爬到他的耳朵上，也可以请蜈蚣睡在他的嘴唇上，然后再叫它们一起离开。

弗郎西斯科还可以叫毒蛇张开大嘴，让蜥蜴从洞里出来，叫螳螂捕捉某个小昆虫，这些动物们也都一一听从。

令人惊奇的是弗朗西斯科竟敢钻进狮子笼里和狮子亲切地"交谈"，把驯兽师吓得魂飞魄散，而他却悠然自得地走出狮笼。

吃铁的人

38岁的袁世荣是重庆市居民。10年前他开始吃碎铁、玻璃，至今还没停止。其床头、地板上，都存放着"铁干粮"，以便他随时食用。

袁世荣在幼儿园时曾患中耳炎，久治不愈，成年后因听力弱、反应不正常，外出做工被辞退回家。邻居反映，他平时不与

人交谈，但常自言自语。

大约10年前，家里人发现他捡回玻璃砸成碎块吃到肚里，以后又发现他吞食碎铁块。袁世荣每天去"拣废铁"，拿回家就在石头上砸成蚕豆大碎块，或锯成一两厘米长的短节。他吃铁时不嚼，用水和稀饭助食，每次约2至3两。块粒较大时，有哽咽的现象。

日饮百斤水的人

据《神州述异》1985年载，南京秦淮河畔，有一位名叫胡任氏的70多岁的老太太。20多年前，她患了一次感冒，发高烧，但不久痊愈了。

不过，她从此又患上了另一种奇怪的病：饮水无度。每天喝多少水也不止渴，一般情况下，她一天喝50多千克水。后来年纪大了，每天还能喝40多千克水。有时在路上口渴，找不到净水，就喝路边的脏水，但也从不拉肚子，不生病。现在她已年逾古稀，但身子却很结实，能挑50千克担子，一顿尚能吃20个麻饼。

吃焦泥的人

《科学十四小时》总第五十期介绍了一个吃焦泥的怪人胡万贵。1989年他53岁，高高的个子，粗壮的身材，待人礼貌，谈吐文明，是浙江省武义县有机化工厂花田的花匠。

据他自己说，从有记忆起就开始吃焦泥，近50年来一天也没有断过。他说焦泥中有股诱人的香

味，吃起来特别有味道。尤其是秋天农民炼焦泥时，每当他闻到焦泥的烟味，想吃的念头就难以自控，这时如果不吃两块焦泥下去，肚子就不舒服，浑身都没力气，难受极了。他一般每天吃两三次。年纪轻时，每天吃500克，年纪大了就吃得少一些。他吃起瓦片来如同吃炒豆一般。

吃土石的人

古代人把黄土和钟乳石列为可食之物。山西省闻喜县有些妇女爱吃黄土，一天吃一把；临汾县有的妇女爱吃煤块，而且还能区分出什么煤好吃，什么煤不好吃；陕西省乾县有些农村青年妇女有吃红黏土的嗜好，一天能吃几两。

这些人都很健康，没有病态反应。当有人问她们为什么要吃土时，她们便说："这和男人吸烟一样——上瘾。"

在日本有人往饭里掺滑石和石膏；伊朗有一种润白如玉、酥

香浓郁的食用黏土，被视为佳肴；非洲、澳大利亚及一些岛屿上的居民爱吃白、蓝、绿色的黏土，他们认为吃这种黏土可以提神健脑，并且还特意用这种黏土来款待客人。

吞金嚼铁的"通吃先生"

著名《医学纪事》刊载了许多吞食金属物品的病例。这些人通常因吃下金属物品而受伤，有的甚至丧命。

有一个人成年后就不断吃大量金属物品，似乎没有受到什么损害。此人名叫罗堤托，是法国格勒诺勃人，艺名叫"通吃先生"。

罗提托曾在南北美洲和日本等许多地方表演吃金属物品。在近期的表演中，曾吃下超级市场的手推车、电视机和几辆自行车。据报道，他说过"味道最好吃的是车链"。

除了这些体积较大物品之外，他还吃过数以百计的剃刀片、盘子、钱币、玻璃杯和瓶子、刀具、啤酒罐、子弹、螺帽和螺丝、编针、铁链。他迄今最惊人的表演是吃下一架塞斯纳150—

轻型飞机。1978年6月在委内揣拉卡拉卡斯开始吃这架飞机、并带着那越吃越小的飞机残骸去北美洲旅行，每天把它当点心来吃几次，到1980年才全部吃完。

罗堤托吃东西，从小就与众不同。他患佝偻病，遭其他小孩子嘲笑，于是咀嚼玻璃，又叫他们用球拍打他和用针刺他，表现自己不怕疼痛，借以赢取他们的钦佩。就是到了今天，他表演时也会加演一些以身体做飞镖靶子或用订书钉剃胸之类的绝技。

罗提托把金属物品切成一口能吞下的小块，每天吃两磅左右。他喜欢首先饮一些矿物油来润滑肠胃，然后一面吞吃金属物品一面大量喝水。

一些怀疑他的医生经常叫他接受详细检查，包括使用X射线，最后都认为他吞下去的金属至少有一部分给消化力特强的消化液分解了。专家又发现他的肠胃壁比正常人厚一倍。

虽然他能吃金属物品和其他显然难以消化的食品，他的消化系统对鸡蛋、香蕉等柔软的食物却难以

适应。

罗提托生于1950年6月15日正午，刚好是20世纪正中间的一年，正中间的一个月，正中间的一天，当天正中间的时分。他相信就是这个特别的生辰赋予自己神秘的超人能力。1981年他遇袭被撞，受到严重的内伤，动了一次大手术，之后复原迅速，3个星期后又吃下了一个机械人。

无所不吞的女童

英国西北部的莫日塞德郡，有一位4岁女孩子小安，她整天索食不停，起初她的母亲艾琳不以为意，小安要吃什么就给她什么，可是情况越来越严重，她整天只管吃东西，而放弃了她一切喜爱的玩具。

艾琳眼看小安有点不正常，便开始节制她的饮食，但小安却自行到厨房去取食，逼得她母亲将厨房的门也锁上了。

艾琳眼看不是办法，一方面通知所有邻居不要给小安任何食物，一方面尽量将地方打扫整洁。但艾琳其后发觉小安竟然将洗衣粉、烟头、墙纸、厕纸以及猫食也照吃不误。最后小安有令人震惊的举动，手持水果刀，威胁艾琳给她吃的东西。

艾琳跟丈夫商量后，决定带小安去看医生。这时小安的体重已接近70磅。

经过医生的辗转介绍，小安终于找到一位专科医生，证实小安患上了"嗜食症"。到现时为止，医学界还不明白这种病症的起因，更不知如何医治。

艾琳在"嗜食症"专科医生诊疗所里，也碰上了其他同样病

症的人。有些孩子体重已达到400多磅。患上这种病症的人，他们根本无法控制自己的意志力，总是一天吃个不停。

生吞毒蛇1890条

1975年6月，在吉林省永吉县旺起乡四方村，有位农民王彪不幸得了"抽风"病，虽经多方医治，但没有明显效果。

1984年6月，他的父亲听一位老中医讲，常年吃毒蛇可使此病根除，就让儿子上山捉回几条试试。

开始，王彪用火烧熟吃，但感觉不带劲，后来干脆活吃，而且越吃越有瘾。

王彪吃活蛇，开始许多人听了不太相信。后来，他就在公开场合作吃蛇表演。

他3年共吃了活毒蛇1890多条，病全好了，一次也没感冒过，力气比以前大多了，体重由62千克增加到了69千克。

新闻界不少人士到他家采访；有关专家对他生吃活蛇也很感兴趣。

身上长翅膀的男婴

出生在曲格兰的一个11个月大的男孩博比，一生下来就有两个翅膀，现已能展翅飞翔。博比出世前，他的母亲在体检时，医生发现胎儿的背上生有异物，但没想到竟会是一双翅膀。

博比在出生几周后就学会了使用自己的翅膀。他的父母马丁夫妇回忆说，当博比约6个月大时，他们突然听到婴儿室里传出异常声音。跑去一看，发现小博比竟然飞上天花板，碰到吊扇而掉下来，但没有受伤。

从那以后，就把他放在一间四壁和屋顶没有障碍物的大房间去，让他任意飞舞。为避免他飞走找不回来，博比的母亲还为他做了一件软垫背心，把他的翅膀收拢起来保护好；但小博比对这项保护措施很不感兴趣，每当母亲给他穿上背心时，他便感到浑身不舒服，甚至哭闹起来。

医生们说，他们从未见过长有翅膀的婴儿，而查询马丁家族的历史，也找不出这种现象的起因。

至今，医学家们还没找到产生这一怪现象的原因。

被糖衣包着的女婴

在西德的一家医院里，出生了一个糖衣女婴。这女婴叫莲娜。在她出生时，身上便被一层薄薄的糖衣包着。

法兰克德医院的穆基德医生说："莲娜的糖分以极快的速度氧化，我们相信她患上与糖尿病有关的失调症。"由于莲娜血液中的糖分太高，便随着汗液从毛细孔排出，所以全身出现了一层糖衣。

莲娜的母亲维拉十分难过，她认为女儿身上的糖衣是她给造

成的，因为她十分喜欢吃糖果，尤其是巧克力，而且一天到晚吃个不停。她表示今后一定不吃糖果了。据穆基德医生讲，她女儿不会终身被这层糖衣所困扰，但此症十分危险，往后她必须长期接受医院的治疗。

双面四臂的怪婴

据《世界奇闻大观》1987年载，台湾发现一个罕见的怪婴，有双面、四眼、两鼻、两嘴、两耳，但四肢正常。产下这名怪婴的是一位28岁妇人，产前并无特殊疾病，身体也正常。怪婴产后不久死亡。

怪人把刀片当饭吃

2003年12月13日下午，江苏徐州"怪杰"艺风在一个记者和闻讯赶到的看热闹的人面前亲自表演了自己的绝活吞吃刮胡刀片。

看到锋利的上海产刮胡刀片，有个别心软的人劝他放弃，艺风则神情自若，连连摆摆手不当回事。

只见艺风先拿出一硬纸让记者检验。得到肯定后，他持刀片对着硬纸一阵乱划，就见硬纸被划烂了数小块。"嘎吱、嘎吱"，在众目睽睽之下，艺风突然将一只刀片整个放入嘴里，发出清脆的咀嚼声。"真的还是假的？"正当有人纳闷之

际，艺风调皮地张开嘴，伸出满是刀片碎碴的舌头给大家看，随后他轻松一咽，刀片已下肚了。

紧接着，艺风又以同样速度吃下了第二只刀片、第三只刀片……6只刀片全部下肚，他竟然只用了25秒钟。

接着，艺风又打开包裹拿出两张烙馍，放入5只刀片，再抹上些"小康牛肉酱"，卷起来就吃。15秒钟后，他竟"风卷残云"般将夹有5只刀片的烙馍消灭掉了。围观的人群不禁发出了啧啧称奇声。艺风表示，他愿意在任何场合、任何时间接受天下奇人的挑战，如果条件允许的话，他甚至可以摆一场奇人绝技擂台赛。

艺风说，他早在半年前就发现自己有吞吃刮胡刀片的本领。在一次朋友聚会上，他一口气在2分钟内吃下了6只刮胡刀片，其嘴唇、舌头竟没有受到丝毫损伤。之后他也曾到医院请大夫检查，也未发现有任何异常症状。

他认为吃刀片难度相对小，因为刀片直接放进嘴里，往往能够知道刀片被嚼碎大小的程度。艺风还说，用烙馍卷住数只刀片加点牛肉酱直接咬着吃是他自己创造的一种新吃法。这种吃法比直接吃刀片更舒服，更好吃。

一天饮半升鲜血的人：清朝曾有一个每天喝半升鲜血的老人，此人生于滑洲，患了一种虬疮的怪病，每天必须饮鲜血半升，否则就难以生存，世间还没有药物能够疗治此种怪病。

在线小知识

预言天下事的人

能看见未来的超自然力

在美国的加州圣荷西有这样一位奇人。她叫克拉·丽莎。她在美国被视为最有"慧眼"的预言家。她可以看到别人看不到的东西，然后作出预言，其准确性几乎达100%。她最拿手的本事是预测地震。1974年感恩节前，丽莎突然告诉别人，当天下午15时加州中部地区会发生地震。当时，没有人相信她所说的话。谁料当天下午15时1分，地震果然发生了，丽莎因此声名大噪。丽莎在接受记者访问时说，她这一特异功能，13岁那年骑马摔下来受伤后才出现的。那时，她的伤势很重，差点失明。躺在医院病床上的第三天，她看见病房内有一种奇异的光彩，接着出现一个女士，叫她不用担心，眼睛的视力必会恢复。果然，不久眼伤就痊愈了，并有了一种看见未来的超自然力。

预言大师

1975年9月，丽莎在加州首府沙加缅多市，突然领感到有一个穿红色披肩的女人可能会拿枪袭击当时来视察的福特总统。

她立即向当地的联邦调查局人员报告，要他们加以防备。调查局的人员相信她的话，但不知福特那一天会到。丽莎告诉他们，福特总统会在1975年9月5日抵达。

果然，福特在9月5日抵达纱加缅多市那天，有一名穿红色披肩的女子持枪接近福特，在她准备拔枪袭击时，当场被调查人员

逮住，福特总统因而逃过此劫。从此，丽莎更是名震加州，成为预言大师。因为丽莎的预言多数都十分准确，所以她就靠这种异能维持生活。为私人服务时，她收取费用。不过，当她向公众作预言时，是从不收费的。

丽莎作预言之前，是以日历作为观察的主体。就以地震为例，她集中意念在月历的数字上，逐日检查，哪天发生地震，自然会在数字上显现出来，因此，她便预知地震发生的日期。

丽莎说：发生地震的那一天，数字会转变成红色向她示意，接着，时辰的数字在她脑海中浮现，她便可以准确地把日期时间说出来。丽莎的预言已被公众接受。当地政府经常有人暗中向她请教，要她说出吉凶以便趋避。她预言的结论，替当地社会避除了不少厄难，造福当地人民。但由于她的预言无法以科学来分析，因此，尚无法令科学家们接受。

多次预测重大事件

从古巴到美国南部定居的预言家科达洛，他的表现和预言能力比起丽莎来似乎有过之而无不及。

1963年肯尼迪总统遇刺、1971年中华人民共和国恢复联合国合法地位、1972年尼克松总统因水门事件下台、1977年埃及总统萨达特访问以色列、1980年萨达特遇刺身亡、1982年华盛顿飞机失事、1986年美国穿梭机"挑战者号"在空中爆炸……这许许多多重大事件，均在科达洛的预测之中。

科达洛从4岁开始就有这种异能，经常把一些可能发生的事告诉他的父母亲。他的父母亲以为他精神错乱，曾带他去看心理医生，检查结果是"一切正常"。

1956年，科达洛测出古巴即将发生革命，预言他的家人亲友将遭清算斗争，那时可能会家破人亡。于是，他劝他的父母移民。但他的父母不听。3年后，古巴果然发生革命，卡斯特罗以伟大领袖的资格掌权。他的父母后悔不听他的劝告。两年之后，也

就是1961年，他们全家终于从古巴逃到美国，以难民身份在美国迈阿密定居下来。1963年11月，科达洛与一群古巴少年在学校电视机荧幕上，看见肯尼迪总统到迈阿密观看美多足球比赛，在黑白荧幕上，他突然看见肯尼迪总统头上冒出鲜红色的血，他当场晕倒，被转送到医院。他醒来后，把他所见的情景告诉校长，再转告联邦调查局，要求当局加强肯尼迪总统的保安措施。结果，几天后肯尼迪总统果然被刺身亡；科达洛因此声名鹊起。

最惊人的一次预言

科达洛最惊人的一次预言，出现在1982年冬季某一天。当时，他正准备从华盛顿乘飞机去南部，临上飞机时，他觉得心绪不宁，预见会有空难。

于是，他立即退票，并劝机场候机的乘客改乘其他班机。机场保安人员以他"妖言惑众"，把他赶走。结果，不幸又被他言中，飞机起飞不久便坠毁。

科达洛留下纪录的预言是1971年10月28日接受广播电台访问时，预言尼克松总统会因水门案下台的事。当时，节目主持人认为他胡说八道。

其实，当时谁也不知道什么是"水门"，更不知这会与尼克松有什么关联。然而，第二年，尼克松果然是因水门事件牵涉而下台，退出了政界。另一个留下纪录的预言是1977年埃及总统沙特去以色列访问，当时没有人相信这两个死对头的国家会和解。但科达洛明确指出，沙特会去以色列访问，会促成以埃和解，将化干戈为玉帛。事后，一切果然如科达洛预料。

　　然后，科达洛进一步测出沙特将于3年后遇刺身亡。果然，3年后，沙特在一次阅兵典礼上被乱枪击毙，证明了科达洛果然有先见之明。美国是一个科学发达的国家，尽管报刊对科达洛的"未卜先知"作了夸张渲染的报道，官方及学术机构并不承认他的特异功能。但在私下，大家都不断找他指点迷津。

　　于是，科达洛名利双收。相信超自然力与异能的人视他为当今世界上"道行"最高的预言家。不相信他道行的人则把他视为怪力乱神，并形容他是迷信的传播者。

言天下事的奇人

　　珍妮·狄克逊是华盛顿一位不动产代理人的妻子。她从9岁开始，就被视为一位预言家。人们对此惊奇不已。

　　一天，她和朋友共进午餐。忽然，她打断朋友们的谈话，说："他将要被枪杀！"当问她指的是谁时，她回答道："当然

是总统呗！"在接下来的两个星期，狄克逊太太想再次给肯尼迪提出警告，说他正处在危险之中，可是没有成功。

11月22日星期五早上，她说："事情将在今天发生！"那天下午，约翰·肯尼迪在德克萨斯州的达拉斯被枪杀了。

珍妮·狄克逊对其他的政治家和著名人物也曾作过准确的预言。喜剧演员卜哈有一次曾测验过她的能力。他问狄克逊太太，在那天已结束的一场高尔夫球赛里，他自己打了多少个球？卡哈并没有提到他在那场比赛里的对手是谁，因为这是一个要保守的高度秘密。

珍妮·狄克逊毫不犹豫地说："你打了92球，而艾森豪威尔总统打了96球。"一位名叫卡洛尔·伦巴德的女演员曾说，她要在3天之内乘飞机前往一个地方，结果得到狄克逊太太的警告，但女演员不愿意改变出行计划。

在狄克逊太太的坚持下，那位电影演员终于同意以掷硬币的方法来决定她的去留。

"如果是人头朝上，我会取消这次飞行；若是背面朝上，我便前去。"她说。结果掷出的硬币背面朝上。3天之后，卡洛尔·伦巴德果真在一次撞机事故中丧生。

在线小知识

超自然力：是超越人类所能认识自然现象的能力，属于高维空间作用的产物，因此被认定只能由人类无法感知的高维空间来解读其中规则，人类只能对其进行推测而无法给出实际有效的证明。

有奇异功能的人

全身发绿光的男孩

在瑞士首都伯尔尼，有一位26岁的孕妇，生下一男孩，这个男孩身体健康，活泼可爱。晚上熄灯后，四周一片漆黑，可是男孩身体却发出一层绿光。

医生们用各种仪器和方法对男孩进行检查，认为他各方面都健康正常，找不出发绿光的原因。对男孩的母亲进行检查也找不出原因。医生们想从男孩父亲身上找原因，可是，男孩父亲却不知去向。

男孩的母亲贝尼丝，大约在一年前认识了男孩的父亲。他俩一见钟情。当贝尼丝知道自己怀孕后，想把这个喜讯告诉爱人，但却找不到他。她曾报过警，也请过私人侦探找他，但至今也没找到，男孩的父亲就这样神秘地失踪了。

据推测，男孩这一特异功能可能与他神秘的父亲有关。

辨认残留信息的人

一个被称为小于的少年具有

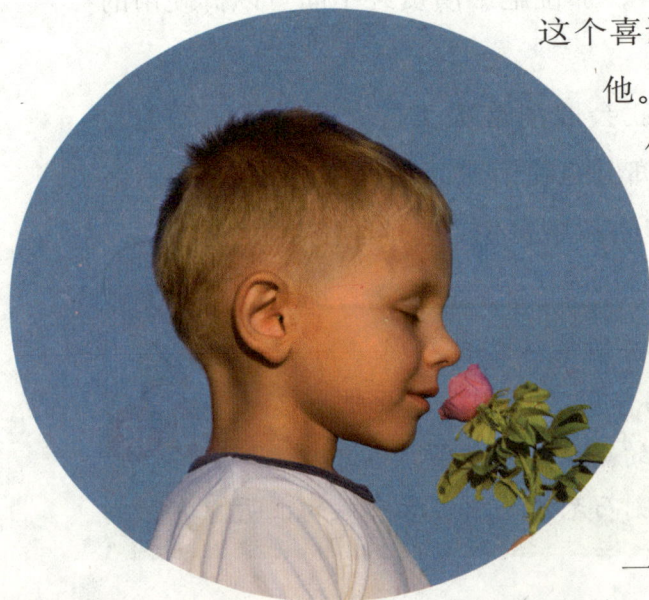

透视的功能。一次科研工作者请她现场透视一个黑色公文包中的物品，她看了一会儿说，包裹有3块手表。但打开一看，包里只有两块表。小于又看了一下，口气更坚决地说，是有3块手表！而且还说出了不在包内的那块手表的牌子和形状。

实验组负责放表的人听后大吃一惊，他说他起先确实放了3块表，在测试前5分钟临时改变了主意，把小于刚才讲的那块手表从包里拿了出来，当然他们这是无意的，没想到小于竟能"看"到放入后又取走的物品。

小于的这一特异功能，被称为"辨认遗留信息"或"辨认残留信息"。

肉眼能当放大镜

在吉林省发现了一个肉眼能当放大镜的人。他的眼睛能使被测物体放大若干倍，从而将一些常人用肉眼无法分辨的微小物体，分辨得清清楚楚。

他自己说，他能分辨极微小的物体。为了证实他的特异功能，中医学院的科研人员就请他用特异功能观察血球计数板上的白细胞及尘埃的数目、位置，而工作人员则同时用放大100倍的显微镜来观察作为对照。

这样的实验他们共做了51次，结果这位特异功能者用肉眼观察到的白细胞数、尘埃数及其分布位置，与显微镜下观察到的完全相符。可见，他的眼睛确实具有使物体放大100倍的功能。

用脚丫能认字的人

1980年2月的一天，在上海科学会堂内举行了全国第一届人

体特异功能科学讲座会。台上坐着10多位青少年，他们将向全体代表表演各种非凡本领。

华东师范大学物理系的陈涵奎教授对常州来的特异功能者赵红很感兴趣。陈教授研究了一辈子的物理学，他对这类特异功能现象当然不会轻易相信，他要亲自做实验。他把自己亲自做的试样放在赵红脚底下，让她踩着认字。

时间一分钟一分钟地过去了，只见她若无其事地和旁人谈笑着，陈教授却是非常认真地注视着赵红。过了10多分钟，她说纸上是用黑色笔写的"物理"二字，打开试样，果然是这两字。陈教授问赵红是怎么"看"到的？

赵红说："当试样放到脚底下后，只要用心去想，一会儿脑子里好像电视屏幕一样，一幕一幕地把字的笔画亮出来了，颜色也看得很清楚，这样就认出来了。"

陈教授说，这下他完全相信了。因为他的试样除他之外没有第二个人知道，而从整个测试过程来看，赵红连头都没低下过，所以不可能作假。他认为这种特异功能虽然一时还搞不清楚，但科学上的许多重大发现总是现实先于原理的。他相信将来总有一天会弄清它们的奥秘的。

能准确报时的女孩

吴金芝是黑龙江省齐齐哈尔市北满钢厂第三小学的学生。她不看钟表，就能准确地报出时间。

一天，记者来到她家，把屋内的钟表藏好，等她从外边进来后，突然问她几点了。她望一眼花盆中的倒挂金钟花，看看窗外

的太阳，说："8点50分。"大家一看表，一分不差。

　　一天下午，她在路上玩，有人问她几点了，她说是2点15分，一看表和她说的差了4分半钟。到后来，广播报时的时候，问话人才发现自己的表快了4分多钟。

　　又有一天晚上，她从外边回来，父亲问她几点了，她闭灯看看外边的月亮，回答说："7点零1分！"回答得完全正确！

　　她白天看太阳，晚上看月亮，阴天观天空。问她看到了些什么，她说："看天空里，天空里就有个似圆形的大挂钟，上面有时针和分针，白天是蓝色，晚上或阴天是灰色的。"

不用眼睛辨形察物的人

　　蒙上眼睛后却能行走自如，这恐怕不是一件容易的事，而世上确实存在具有这种特异功能的人。

　　一个叫巴克斯的男人骑一脚踏车进入车水马龙的纽约市，轻松地穿越热闹的时代广场后停下来，引来许多人的围观。

因为他全程一直蒙着眼睛。巴克斯的这种特异功能在20世纪三四十年代盛名一时。不过，世界上还有其他人具有这种功能。

1893年，有人发现失明的范契尔能用指尖"看"普通的印刷书籍。同年，在意大利还发现了一个能用左耳垂和鼻尖"看"东西的14岁盲女。

神经病专家布罗梭医生在为她看病时，想用铅笔戳她的鼻子，她立刻闪开，并且嚷道："你想戳瞎我吗？"

这些人的特异功能引起法国科学家罗曼的极大兴趣。他经过多年实验，在1920年发表了洋洋洒洒的论文，题为《非眼视觉》。1960年，美国弗吉尼亚州艾勒森镇14岁女童傅丝就有此异能，曾经由专家详加测验。她紧紧蒙住两眼，仍能阅读随意选出的文字，识别颜色及物体，甚至与人下棋。

1963年，苏联医学研究人员报道了库力休娃的特异功能。库力休娃蒙住眼睛，在几项严格控制的实验中，用指尖和手肘"看"报和乐谱。

纽约市哥伦比亚大学心理学尤慈博士通过进一步研究断定库力休娃和其他具有相同特异功能的人，对不同颜色所吸收的热量极其敏感。

他们可以不靠眼睛阅读，是因为黑色油墨吸收的热量较多，其温度要比周围易于反射热量的白纸高。这个说法虽然可以解释有人能用指尖或手肘"看"东西的原因，却不能解释巴克斯、傅丝等人为何不用接触就能"看"东西。非眼视觉的情况确实存在，但它的成因仍是一个解不开的谜。

会飞的人

1986年9月20日晚上，在上海华东师范大学的礼堂里，香港的陈慧华和萧洁欢二位小姐为上海市新闻单位和一些科研部门进行腾空奇功表演。

一开始，两位女士在绿色地毯上双膝交叉成莲花状，双目紧闭，席地而坐，不一会，陈慧华小姐低垂着头，立刻又抬起，然后又垂下，如此反复多次。而萧洁欢小姐则不同，她始终抬头静止不动。

过了10多分种，陈慧华小姐的身体开始抖动。随之双手上升，身体也跟着向上腾起，离地高度大约30厘米，向前飘移60厘米；然后落下，再腾起，再飘移；像这样一而再，再而三。萧洁欢小姐开始时也浑身抖动，继而开始腾跃，她们在不到10分钟的时间内，各自腾跃了56次和52次。这两位小姐靠腾飞的特异功能

成了全世界出色的杂技演员。

能单脚站着睡觉的人

在美国加利福尼亚州的蒙培镇有个名叫格利斯的人，他是个舞蹈工作者，但他跳的是独脚舞，而且舞技很精湛。

他从不往椅子上坐，一天到晚，不是一只脚一蹦一跳地走路，就是金鸡独立式地休息，当一只脚站累了，就换另一只脚站立着。

更有趣的是，他从来不愿在床上睡觉。困了就用一只脚站着，闭上双眼，很快就能进入甜蜜的梦乡。格利斯自己也不明白这是什么原因造成的。

他说："当我用双脚站立的时候，头立刻就会疼痛难忍，也有一种轻飘飘的感觉。如果叫我坐着或躺着，我就要昏过去。所以，还是单脚站着舒服些。"

能用手心煎鱼的人

四川省绵阳市供电局工程师、四川省气功研究会高级气功师李家俊，在手掌心放上一条鲜活的鲤鱼，过一会儿，就见鱼直冒青烟，空气中立即弥漫着烤鱼的香味。而他却神情自然，谈笑风生，还不时将煎熟的鲤鱼展示给四周的群众验证。掌心煎熟一条鱼，最多只需要两三分钟。

李家俊的奇技远非仅此一项，他的表演多达数十项。他能手持220伏的正负极裸线伸入水盆中煮熟鸡蛋和面条；还能伸出3个手指表演380伏三相电短路。

在一次表演中，他将3根1000瓦的电炉丝串联在一起，使口

腔带电并短路，结果将3根电炉丝烧红并烧断。

据1989年1月省科协对他做抗电鉴定表明，李家俊身体的导电耐压能力分别达到5毫安和500伏，均为常人的10倍。

能预报地震的女人

在美国加州有一名具有特异功能的女子，能够准确地预报地震发生。这位女子名叫夏洛蒂，每当她预感到地震发生时，就会听到一种声音，有时声音的变化会令她感到头痛和胸痛，而根据声音的变化及疼痛的部位，她可预测地震将发生在什么地区。夏洛蒂在1985年5月5日曾打电话给一家通讯社，说她预感到在加拿大、阿拉斯加、阿留申群岛或日本将发生一次大地震。两天后，阿留申群岛果然发生了地震。

夏洛蒂准确预报地震已不是一次了。1985年4月27日，她打电话给通讯社，说墨西哥在12小时内将发生6级以上的地震，结果在3小时后墨西哥就发生了7级地震。过了不久，她通知墨西哥领事馆说，另一次类似强度的地震将再次发生。第二天，墨西哥

真的又发生了一次6级地震。

从1976年开始，她有时在耳里听到13种不同的声音，她是凭借声音的不同来预测地震的位置和时间的。

用眼睛写书的人

日本札幌市55岁的残疾妇女山幡，在两年时间里用眼睛"写"成了一本长达280页的书，书名为《我要说话，我要走路》。山幡四肢瘫痪，而且丧失了说话能力。

她通过一台现代化的"眨眼通讯器"，著成了这洋洋万字的著作。

"眨眼通讯器"由电脑操纵。通讯器上有一个荧光屏，上面显示出一个字母表，有一个指针在字母上掠过。当指针移到她要写的一个字母上时，她只要眨一下眼，即可通过光射作用，使小电脑将这个字母记录并显示出来。

这样，一个个字母组成词，再由别人将它写在稿纸上，即可编印成书。

有固氮功能的奇人

生活在新几亚内亚贫瘠山区的一些土著居民，他们的饮食结

构十分简单，一个人每天只吃一些山芋、蔬菜，至多再加上一点点豆类和花生。但生活在这个贫穷山区的土著居民，并不像人们想象的那样憔悴，骨瘦如柴，恰恰相反，在这些土著居民中，无论男女老幼，个个都十分健壮，没有任何营养不良的症状。

科学家们对这种情况大惑不解。于是，决定对这些土著居民进行周密和细致的检查。结果在这些土著居民的粪便中，发现氮元素的含量竟然远远超过他们进食的含氮量。

后来，科学家在这些土著居民的肠道里找到了固氮菌。正是这些固氮菌默默地在这些土著居民的人体内吸收和固定空气中的氮元素，继而合成了人体必需的蛋白质。科学家们也无法解释这些土著居民的肠道内为什么会有固氮菌。

一分钟能说585个字的人

一分钟之内讲585个字，你能想象到吗？也就是说，每一秒钟要讲约10个字。也许你经过尝试之后会发觉这几乎是不可能的，因为人的嘴不可能说得那么快，而且就算说这么多字，别人也不知道你说什么。

法伦卡普却可以做得到。她被人冠以"马达口"，而且最新一期的"世界纪录大全"已把她列入其中，成为世界上说话最快的人。

她的每分钟585个字的纪录，相信可以维持很久而无人能打破。法伦卡普并非天生便是"马达口"。她说："小时候我说话并没有这么快，但随着纽约的快节奏生活，我逐渐加快了说话的节奏。"

法伦卡普的快嘴也是她糊口的本钱。很多人都知道电台和电视台的时间便是金钱，任何人在最短时间内提供最多信息便是金钱，所以她成为很多广告商争相聘用的艺人，因为在短短30秒广告时间，谁能说出近300个字？

一年不喝水的人

在世界闻名的撒哈拉大沙漠中部，居住着一个只有17名男子、18名女子的土著小部族。他们都住在地下的洞穴里，肤色与沙漠的土色一样。他们除了用一小块兽皮遮身外，都不穿衣服。他们白天一般不出去，只有在傍晚到第二天黎明前，才在沙漠上狩猎和寻找食物。

经人类学家调查，这一土著部族人之所以能在撒哈拉沙漠中顽强生存，是与他们具有的特殊生存本领分不开的。他们有高超的狩猎本领，当发现野骆驼后，两名猎手便一左一右持弓飞快地追赶，两箭齐发，射中野骆驼的双脚，然后再捕杀。

他们很耐热，可以在50度以上的高温中生活。他们又很耐旱，除从食物中摄取少量水以外，可以在一年中不进一滴水。

神秘的蹈火者

在地中海爱奥尼亚群岛的希腊村子里，每年都要举行一次最奇特的舞会。歌舞者既不穿防护服，更不穿隔热靴，只凭一双赤裸的双脚，在高达几百度的煤块上载歌载舞。

据说这是为了敬仰古希腊国王君士坦丁而举行的庆祝晚会。长期以来，人们对此曾进行过种种的猜测和解释。有人说这些蹈火者的痛感已经麻木。因为他们当时的神态已处于迷糊状态；有

人说是体内排出的汗液巧妙地使人体的脚掌与煤块隔开；还有人推测煤灰也具有某种奇能……事实上，这些解释都不能自圆其说。

德国物理学家长格决心解开这个谜。于是他在1974年亲临该岛，在非常近的距离内仔细观察这些蹈火者。然后他独具匠心地设计了一个有趣的实验：

仪式开始之前，他将一种在一定温度下能改变颜色且极敏感的涂料搽在一位蹈火表演者的脚上，随后细致地拍摄了表演者全过程中的一切变化。

人们从他拍下的精彩影片中看到，这位表演者在一块烧红的煤块上行走4分钟之后，又站在另一块煤块上达7分钟之久。而当长格把这种特殊的涂料淋在煤块上时，其颜色变化表示的温度竟高达316度以上。长格只得无可奈何地说："无论如何，在现代的物理学领域中很难找到满意的答案。"

另一位人类学家史蒂凡·克恩曾于1972年至1976年间花了整整16个月进行详细研究，企图从心理学中找到答案。他认为蹈火现象正是体现了人的意念是可以支配物质的，指出这种意念可支配自身神经对周围环境的感觉。然而此说的解释力也令人质疑。因此，这一神奇的蹈火现象依然是个不解之谜。

在线小知识

美国一家商店老板遭劫，并被窃贼射中一枪。令人惊奇的是，子弹打在他脑壳上却被反弹回去。他到医院检查，医生告诉他，是他的"硬"脑壳救了他。从那以后，人们称他为刀枪不入的人。

自然界的奇物

会笑会叫的石头

在我国四川省石柱土家族自治县的坳石湾，有两块会笑会叫的石头。这两块上下相连的巨大龙骨石均呈燕尾形，上面的一块约4立方米，下面的一块底部埋在地里，露出地面约5立方米，两石相接处有1米左右。

令人奇怪的是，下面的石头有一个小孔。只要用手按住这个孔，就好像碰到了石头的"痒处"一样，上面的石头就会笨拙地摇头晃脑，不停地发出"咯咯咯"的笑声，10米以内都可以听见。

与此相似的是，河南林县石板岩乡也有一块半截埋在地下的石头，它露出地面的部分约5米高，略似圆柱体。到了傍晚，你也会听见石头发出一种"哼哼"的声音，就好像老母猪在叫。这种叫声可以持续几个小时，因此当地的人们称它为"猪叫石"。

科学家经过研究，发现这些石头的下面有半埋在地下的风洞，当风吹进洞口，经过石头内部空洞的共鸣，产生了类似笑、叫的声音，并向四周传播，人们就好像听到石头在笑或在叫。

能发出声音的石桥

七孔桥位于河北省清东陵。清东陵有15座陵寝，建有大小不等、形式各异的石桥100座，七孔桥就是其中的一座，它全长110米、宽9米，两边共装有石栏板126块。

令人奇怪的是，只要敲击一下桥的栏板，就会发出悦耳动听的声音。每块栏板大小一样，形状相同，然而发出的声音却不同，有的浑厚低沉，犹如木鱼、钟磬发出的声音一样，而有的则清脆尖亮。我国古代声乐中分宫、商、角、徵、羽5个音阶，所以人们把这座桥也称五音桥。

据化验，石桥的建造材料含有50%的铁质方解石，因此能发声，当地人把这种石料称作响音石。这种石料在清东陵还有一些，如：下马碑座、定陵宝顶的两扇石栅栏门等。这种响音石是如何发出声的呢？科学家至今尚未找出答案。

会唱歌的茉莉花

辽宁省辽阳市一位叫樊洪玉的老人，平时喜欢养些花花草草。这一来可以给自己找个活儿干，打发无聊的时光；二来花草

能净化室内空气，有利于身体健康。在众多的花儿中，那盆茉莉花可以算是他的最爱了。这盆茉莉花自从5年前从花市上买来，就一直陪伴着樊洪玉老人。老人对茉莉花的照料也是格外精心。可是前不久，一件奇特的事情让樊洪玉老人兴奋不已。

夏天的一个傍晚，老人吃过饭后在窗前闲坐，忽然听到一阵悦耳的声音。

老人仔细辨别才知道声音是从茉莉花盆中传出来的。一开始他以为是小虫子在叫，因为这个季节小虫子很多。老人想把虫子从花盆中赶走，以免它们伤害到茉莉花。

可是，老人找了半天也没发现一只虫子，后来他才发现原来是茉莉花发出来的声音。

这一发现让老人非常惊讶，因为在自己的经验里还从未出现过如此奇特的事情。

此后，几乎每天晚上的18时左右，那盆茉莉就会发出悦耳的

声音，就像人在唱歌一样。而且，无论外界声音有多大，茉莉都会歌唱，似乎从不受外界的影响。

有时候，樊洪玉老人把电视机声音开得很大，却依然能清晰地听到茉莉的歌声。

莉花唱歌的消息不胫而走。许多人慕名前来观看这一奇特的现象，也有记者前来采访。

《北方晨报》有一个记者，在深秋季节的一个傍晚，登门拜访了樊洪玉老人。在记者刚刚进门的时候，茉莉花就发出了悦耳的声音。声音有些像夏季野外鸣叫的青蛙，但要比它动听。记者将录音笔放在花盆旁，想把花的声音录下来。当记者准备坐回座位的时候，不小心碰到了茉莉花，结果正在唱歌的茉莉花立即停止了歌唱。

原来，茉莉花虽然不受外界声音的影响，但在它唱歌的时候是不能碰它的，不然它就会"罢唱"。花儿会唱歌，竟然有时候

还要"罢唱"，真是不可思议，而且至今也没有人能够解释这一奇特的现象。看来这要成为一个长期不能解释的自然之谜了！这可真是大千世界无奇不有啊！

会冒泡的血液

在意大利，每年5月和10月，那不勒斯大教堂周围总有几千人聚集在一起等待着亲眼目睹奇妙的现象——冒泡的血液。教堂之内，有两个装着红棕色凝结物的小瓶子。

据说，那是一位被罗马皇帝斩首的哲人——圣·杰组尔瑞斯流出的血。人们对这两个瓶子进行祈祷，瓶子内的红棕色血块会恢复生气，转变成冒着泡泡的鲜血。

几百年来，神学家和历史学家围绕着瓶中物质是不是真的血块而争论不休。直至1902年，一组科学家决心调查并揭开"圣血"的内幕。他们把瓶子放在那不勒斯大学的实验室内，用白色的单纯光线穿透瓶中物质，结果发现，其折射情况与通过人体血液的同一光源完全相同。

然而，使科学家们感到迷惑不解的是，正常血液经过800年的时间早就该腐败了，决不会依然保持如此新鲜。也许，里面有一些至今未被人知晓的奇异物质。

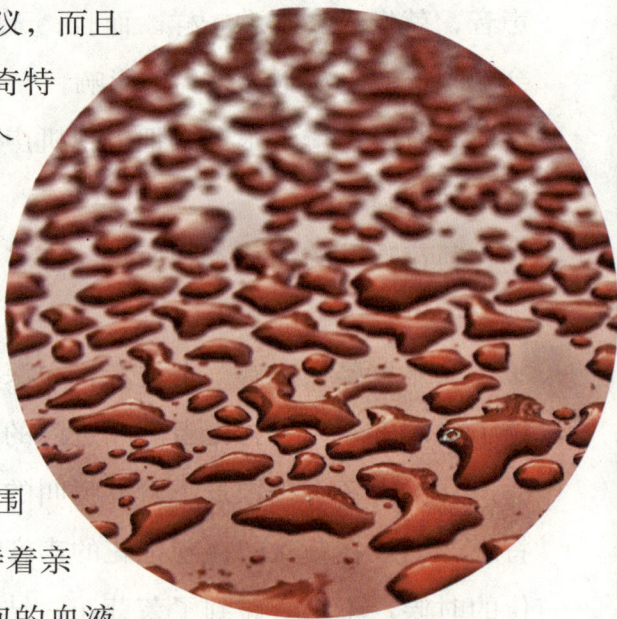

　　1950年，那不勒斯大学的兰伯丁教授试图向教堂执事索讨一部分瓶中物，以便进行彻底的化学分析，但对方不愿让"圣血"离开瓶子，因为他们怕开瓶之后"圣血"会立即分解。结果，"圣血"的身份依然不明。

　　最近，有一位名叫郭东的学者发现，放置在教堂的"圣血"，不论周围温度高低，都能不断地冒泡，体积也持续地发生剧烈变化。对"圣血"的猜测和推理还有很多很多，可无论怎样说，冒泡血液的奇景已大大超出了常理的范畴，成为又一个不可思议的现象。

奇怪的书

　　在南美洲巴西圣保罗市中心广场上，陈列着一部钢书。这部共有1000页的奇书均用不锈钢薄板铸刻而成。书中记载着该市的历史沿革、风土人情和名胜古迹，专供国外旅行者参观阅读。

在伦敦图书馆里，珍藏着一批2000多年前盛行的羊皮书。其中最有价值的一部书是《世界末日》，它是用30万张又薄又亮的羊皮制成的。

在朝鲜的一座右塔基层座内发现了一本印在木块上的经书。它的书页就像一块块小黑板，上面涂有一层蜂蜡。字是用尖嘴金属小捧刻写的，最后用绳子把"小黑板"装订成册。

在伊拉克古城尼尼微的遗址，人们发现了一种8000多年前的古书。这批古书是用泥土烧制成的，每册25厘米至30厘米见方。考古学家们发现，在寒冷的夜晚，人们可以将它烧热后带上床，一面读书，一面取暖。

在伦敦图书馆里，珍藏着一本用黄金宝石装饰的书。这本书的封面用铜、金、宝石做成，全书重100余千克，书中有551个金字。1964年，有个日本人出400万法郎的高价想将它买走，但遭到了拒绝。

秘鲁歌德伯泽人所读的书，看上去像一顶顶帽子。这种帽子书是用10多层布围成帽圈，然后每层布上都粘着书页，这样一顶帽子就相当于一本书。

这种书的产生是由于当地人认为书是文明的象征，而且是至高无上的，所以把书当成帽子来表示对知识的崇敬。

日本印刷公司利用最新电子技术，出版了一本叫《花语》的书，重量只有0.0076克，而全书有100多页，与平常人的指甲厚度相等。另外，日本还出版了一本能从针眼中穿过的书。当然，这些书都是用肉眼无法阅读的。

没有书的书店

在刚果东北部亚米开齐人居住的地方，有一种店铺叫作"掌书店"。这种书店没有一本书。书店主人只雇佣了几名在当地被公认为有"才学"的人。

想买书的人，只需说明要哪些内容的"书"，就会有了解这

方面书的人走过来拉起你的手，用一种紫蓝色的草汁在你手上写下你所需要的内容。这就算你买到了这本书。最长的"书"可以从两个手掌一直写到臂的正面。这种"书"可以保存很长时间。

如果不需要了，就到"书店"去，用一种褪色剂将原"书"抹去，再换新"书"。

会讲话的书

有人发明了一种会讲话的书。它是一个圆形的装置，大小就像一张唱片，在书的装订线底部装了一个视听器。这个视听器上有一只红外线灯，这只灯能放射出一道细小的光线，任何反射都能投影到带有电池的照片上来。

"读"这种书也很容易，你只要将视听器从左到右地移动就可以了。一条条黑色和白色的密码会随着视听器的移动交叉出现，这时在视听器里产生一种活跃的跳动，一只小型的扩音器来就会发出千奇百怪的声音，它把单词、句型和复杂的语言都通过扩音器告诉读者。

能流动的图书馆

波斯首相阿布鲁·加西姆·伊斯梅尔是波斯著名的政治家、军人。他对图书的嗜爱堪称天下第一。据说他藏书竟达11.7万册。1000年前，图书的数量、种类都很少，在那样的时代里，收集近12万册的图书绝不是一件容易的事情。伊斯梅尔为此花费的

时间和钱财就可想而知了。

伊斯梅尔首相因职务在身，经常到各地巡视，每到一个地方，让随从们把他的藏书按字母顺序排好，放在骆驼背上，同他一起旅行。这就是所谓的流动图书馆。据说每次要用400头骆驼才能驮得动他这个流动图书馆。

在旅行途中，首相一旦说他想看某某书，或者说他想看有关某方面的书时，看管这些骆驼的人就立即可以从骆驼背上找出这些书交给首相。

1807年10月，喜叔林刺史离开京城回老家长山，途经在焦家桥旧宅，发现厕所里的一条板凳无故自己动起来。当他走到后花园时，那条板凳也慢慢地走过来。后经他大声叫喊，它才停下来。

在线小知识

专吃新娘的马路

新娘失踪事件

1973年3月，一对新婚夫妇在埃及阿列基沙特亚市一条叫勒比·坦尼亚的大街上散步。新郎是职业摄影师阿克·沙务，妻子名叫梅丽柏。突然间路面上出现了一个不大的洞穴，新娘梅丽柏跌入洞中，随即消失得无影无踪。警察为此挖掘现场，费时长达1年的时间。同年10月份，又发生了第二次新娘失踪事件。一对来埃及旅游的美国夫妇当时正好奇地在坦尼亚大街上漫步游览，新娘卡闻泰夫人就在众目睽睽之下，突然失足陷入一个刚刚在面前出现的坑穴中，身子一晃，人就再也看不见了。

其后的1974年至1976年，又发生了4起新娘失踪案件。其中1974年5月失踪的是一位希腊籍新娘哥特尼夫人，1975年则有两位埃及本地新娘，她们分别在结婚数月后失踪。

1976年1月15日，发生了有记载的新娘失踪案件中的最后一起。这是一对结婚只有两个月的夫妇，丈夫是25岁的皮尔，新娘是23岁的阿菲·玛利娅。玛利娅正同丈夫并肩走在坦尼亚大街

上，忽然她好像被什么力量拖拽着，跌倒在一个直径约60厘米的很深的洞穴里，失去了踪影。事后，警方用铲土机，从坑穴处将路面整个掘开，并向下深掘了约1.5米，然而什么也没有发现。

新娘去哪里了

警方成立了专案小组，负责对发生在勒比·坦尼亚大街上的一系列失踪事件进行调查。尽管警方注意到失踪的都是年少漂亮的新娘，但到头来还是无法结案。

发生在埃及的新娘失踪事件，不仅被记入官方的历史，直至今天，仍有许多科学家前往阿列基沙特亚市进行调查，希望能够找出造成美丽新娘突然在光天化日之下失踪的真正原因。

在埃及民间，对此事件却另有说法。他们认为有一位喜好美色的神，经常在勒比·坦尼亚大街出没，那些美丽的新娘就是被他掳走的。埃及考古学家准哈布博士提出，坦尼亚大街下可能有古代的水井或贮水池，因而路面突然出现洞穴并不出奇。但警方在挖掘开路面后，并未发现任何有关遗迹。况且失踪的都是清一色的新娘。所以准哈布博士关于失踪者落入路面下古水井的推测，无法使人信服。

在线小知识

在美国加利福尼亚州，有一片同样神秘的安琪儿森林。几年间在这里失踪的全是八九岁的儿童，而且他们都是在距周围的人数米范围内毫无声息地失去踪影的。事后又寻找不到任何线索。

值得一游的奇城

巨物城

巴西圣保罗州有一个叫伊杜的小城，尽管它的面积不大，但由于这里生产和出售的东西都是"特大"型号的，如香烟和棒冰长近一米，火柴盒大得像饭盒，因此得名为"巨物城"，这里每年都吸引着大量游客。

扑克城

德国的阿尔切布克市以扑克艺术闻名于世。在市中心的广场上，耸立着四根大圆立柱，上面分别雕有红心、方块、梅花和黑

桃4种扑克图形。

城中有一座世界上最大的扑克博物馆，陈列着1200多种扑克展品。城内几家扑克制造厂的产品畅销世界。这里还是世界扑克法院的所在地，它承办和判决国内和国际扑克比赛中发生的各种争端和疑难问题。

微笑城

美国内华达州的波卡特洛市于1948年通过了一项法令，规定全市居民都不准愁眉苦脸，违者要到专门的检查站去学习微笑。这项法令旨在鼓励市民以乐观的态度面对逆境。该城自称是美国的"微笑之都"，并且每年举办一次"微笑节"。

希望城

位于阿根廷博琴顿河岸的一座小城立有一条人人都要遵守的规则：任何到这里来居住的男性不得娶妻。这里的人认为，没有结婚的男人做事才会专心，事业上才会有成功的希望。因此，他们将小城取名为"希望城"。

笑城

保加利亚的未永洛沃市索有"笑城"之称。这里的居民性格开朗，谈吐诙谐。他们有两句名言："幽默是健康的源泉与标志"。"讽刺比打骂高明"。这里设有世界上唯一的幽默与讽刺宫。

宫内有一所收藏2万多部世界著名幽默与讽刺作品的图书馆，绝大部分藏书都有作者亲笔签名题字，展览厅内陈列着各国幽默家的照片、作品手稿以及根据这些作品雕塑的人物模型，这

里还有欧洲各国狂欢节使用的各种各样逗人发笑的假面具及各种喜剧服饰。

人们同时就寝的城市

每天晚上21时整，英国古城里彭市的中心广场上都有专人吹响号角。这号角声即是命令全城居民停止交际往来，各自回家就寝休息。里彭市的居民从不抗命违禁。

这一传统始于1099年。在漫长的800多个年头中，只有一天中断过，因为那一天有个歹徒将号角偷去卖给了旧货店。第二天这只号角被找回来，这传统又恢复了。

世界各地的奇城

秘鲁首都利马，年降雨量只有37毫米，是世界上几乎不见雨的城市，被誉为"旱城"。

印度阿萨姆邦气拉朋齐城，年降雨量达1.2万毫米以上，最高可达2.29万多毫米，因此被称为"世界雨城"。

保加利亚的索菲亚城，共有花园草场几百处，家家都种着花草，因此享有"世界花城"的美称。

缅甸的薄区城共有440座佛塔，成为举世闻名的"万塔之城"。

奥地利首都维也纳，是音乐大师贝多芬、莫扎特生活过的地方。这里建有许多影剧院和音乐厅，每年有一次为期一周的文化节，故有世界"音乐城"之誉。

德国慕尼黑城的啤酒远销世界各地。每年一次的"啤酒节"要喝掉100万千克啤酒，饮酒量雄居世界第一，有"酒城"之美誉。

捷克斯洛伐克的哥特瓦尔城是全国制鞋工业的中心，年产各种鞋靴两亿双，畅销世界100多个国家，有"鞋城"之称。

意大利的那不勒斯城，紧靠世界著名的活火山——维苏威火山。公元79年火山爆发，火山熔岩巧妙地把附近一座名叫庞贝的城市掩盖了起来。从此庞贝城秘密地在地下度过1800多年，直至20世纪初才被考古学家发现。城市中的一切建筑都完好无损，有人叫此城为"地下城"。

在线小知识

神秘的"魔鬼城"：在新疆准噶尔盆地西北部的乌尔和地区，有一个大风口，气流呼啸，常常发出"呜呜"的怪叫声，像神话里的魔鬼在嗥，令人胆战心惊。

救人性命的流星

虔诚的传教士

斯丘阿特·瓦特夫妇是一对虔诚的传教士。夫妇俩受到前苏格兰传教士利文斯通的影响而选择从事这项工作。利文斯通终身致力于在非洲的传教事业，希望把非洲所有的人都变成基督徒。可惜他未能完成这项事业，最终死在了非洲。

临死之前，他嘱咐不要把他的尸体带出非洲，让他长眠于此。他的朋友们将利文斯通的心脏挖出来埋在非洲，而把他的身体带回了苏格兰埋葬。利文斯通的精神感染了斯丘阿特·瓦特夫妇，他们决定要继承利文斯通未完的事业。

于是他们带着4个年幼的孩子，开始了在非洲的传教生活。

流星救了传教士

瓦特夫妇将小教堂建在一个部落外面的小山丘上。这个部落是个十分狂热的好战民族，经常挑起与附近部落的战争，是英国在这一地区重点防范的部落。瓦特夫妇传教在这个部

落基本不起作用，还时常受到部落居民的歧视和攻击。

有一次，这个部落的人受到蛊惑，上千名居民拿着原始武器前来攻击瓦特夫妇。瓦特夫妇紧紧抱着孩子，跪在地上虔诚地祈祷上帝的援助。然而，当时英国军队远在几十千米之外，根本来不及救援。当地居民叫嚣着冲进栅栏，团团围住小教堂；瓦特夫妇几乎陷于绝望的境地。

就在这些武装了的土著人将要冲进来的时候，所有的人都看到了一个巨大的火球从天空急速降落，最终落在了这个部落的附近。然后，天空中发出一声巨响，超过了几千门大炮的轰鸣声，震得众人耳朵发痛。

这一连串的变故惊呆了发动围攻的居民。他们认为这是上天对他们的惩罚。于是这些刚才还在叫嚣着围攻小教堂的土著人都跪了下来，祈求上天的宽恕。

难道这只是一个巧合吗？那个巨大的火球只不过是流星坠落，与空气摩擦燃烧起来而已。巨大的流星陨落，将地面砸出了一个巨大的坑。

但是这一及时出现的流星拯救了瓦特夫妇和他们的孩子。瓦特夫妇也以为是上帝救了他们，因此对上帝更加顶礼膜拜。

在线小知识

流星是分布在星际空间的细小物体和尘粒。它们飞入地球大气层，跟大气摩擦发生光和热，最后被燃尽成为一束光。我国现存的最古年代的流星体是明代陨落的四川陨铁，重58.5千克。

图书在版编目（ＣＩＰ）数据

奇人怪物的异类辨析：万物密码破译 / 韩德复编著
. -- 北京：现代出版社，2014.5
ISBN 978-7-5143-2642-0

Ⅰ．①奇… Ⅱ．①韩… Ⅲ．①科学知识－普及读物
Ⅳ．①Z228

中国版本图书馆CIP数据核字(2014)第072390号

奇人怪物的异类辨析：万物密码破译

作　　者：	韩德复
责任编辑：	王敬一
出版发行：	现代出版社
通讯地址：	北京市定安门外安华里504号
邮政编码：	100011
电　　话：	010-64267325　64245264（传真）
网　　址：	www.1980xd.com
电子邮箱：	xiandai@cnpitc.com.cn
印　　刷：	汇昌印刷（天津）有限公司
开　　本：	700mm×1000mm　1/16
印　　张：	10
版　　次：	2014年7月第1版　　2021年3月第3次印刷
书　　号：	ISBN 978-7-5143-2642-0
定　　价：	29.80元